COURS RAISONNÉ

D'ARITHMÉTIQUE

COMMERCIALE

CHATILLON-SUR-SEINE. — IMPRIMERIE E. CORNILLAC.

COURS RAISONNÉ

D'ARITHMÉTIQUE

COMMERCIALE

COMPRENANT

DE NOMBREUX EXERCICES DE CALCUL SUR LES NOMBRES ORDINAIRES
LES NOMBRES COMPLEXES, LES MONNAIES ET LES MESURES ÉTRANGÈRES
DIFFÉRENTES MÉTHODES POUR CALCULER RAPIDEMENT LES INTÉRÊTS
DES BORDEREAUX DE BANQUE
DES COMPTES D'ACHAT ET DE VENTE ; DES COMPTES D'ARMEMENT ET DE DÉSARMEMENT
DES COMPTES-COURANTS PAR LES DIFFÉRENTES MÉTHODES
UN EXPOSÉ DE LA MÉTHODE DES PARTIES ALIQUOTES
DIFFÉRENTES OPÉRATIONS COMMERCIALES AVEC LES COLONIES
DES COMPTES EN PARTICIPATION ; DES OPÉRATIONS DE BOURSE ET DE BANQUE
LA THÉORIE DES CHANGES ET DES ARBITRAGES
DES TABLES POUR RÉSOUDRE LES QUESTIONS D'INTÉRÊTS COMPOSÉS, ETC., ETC.

PROFESSÉ A L'ÉCOLE COMMERCIALE DE BORDEAUX

PAR

VICTOR COUPIN

Directeur-Fondateur de l'École

PARIS

LIBRAIRIE HACHETTE ET Cie

79, BOULEVARD SAINT-GERMAIN, 79

—

1875

Tous droits réservés.

A MES ÉLÈVES.

C'est à un double titre, mes amis, que je vous offre aujourd'hui la dédicace de mes travaux. Non-seulement vous en avez été le but, mais encore le moyen. Lorsque j'ai conçu le plan de ce livre, j'ai eu vos progrès en vue ; et, pour son exécution, vous êtes devenus, à votre insu, mes collaborateurs.

En effet, averti par les difficultés que vous rencontriez, j'ai cherché dans nos leçons orales à vous les simplifier, à produire la lumière dans vos esprits. C'est ainsi que j'ai été conduit, après bien des modifications, à arrêter la rédaction des exposés que j'ai réunis dans ce volume. Je puis donc dire qu'il est né sous vos yeux, qu'il a été fait pour vous et avec vous.

Que cet ouvrage reste, mes amis, comme un résumé de nos travaux, qu'il vous aide à en garder la mémoire, et j'ai la confiance que, plus d'une fois dans le courant de votre vie commerciale, vous aurez à lui rendre des actions de grâces pour les services qu'il vous aura rendus.

Vous être utile est ma grande ambition ; et je serai amplement dédommagé de mes peines, si je suis assez heureux pour atteindre ce but par cette publication.

V. C.

AVANT-PROPOS

La table des matières ajoutée à la fin de ce volume étant le fidèle exposé des questions que nous avons traitées, il nous paraît surabondant d'insister sur le plan que nous avons adopté.

Nous nous bornerons à appeler l'attention du lecteur sur la nécessité de se familiariser avec les chiffres. Avant que de faire aborder aux élèves les questions exclusivement pratiques que nous avons étudiées dans notre cours, il est indispensable d'obtenir d'eux une très-grande sûreté, une très-grande rapidité dans les calculs ; et ce n'est que par une longue habitude des quatre opérations fondamentales que l'on peut arriver à ce résultat. Nous ne saurions trop insister sur l'importance du calcul décimal, dans lequel la moindre négligence peut produire de si formidables erreurs.

Pour y habituer nos élèves, nous avons donné, dès les premières pages de ce volume, une série d'exercices sur les mesures de surface et de volume, sur la détermination du poids des corps au moyen de leur densité. Les nombres complexes offrent encore, par la complication qu'ils présentent, un excellent exercice, en obligeant l'élève à une attention soutenue. Les mesures anglaises, poids et monnaies ; la comparaison, l'évaluation des monnaies entre elles, nous ont fourni de nombreuses applications de ces nombres. Et, à ce propos, nous recommandons, pour plus de rapidité dans ces sortes de calculs, l'usage des parties aliquotes.

Nous recommandons encore un soin tout minutieux dans la formation et l'écriture des chiffres, dans les dispositions des calculs. Le désordre dans les chiffres amène bientôt le désordre dans les idées; un chiffre mal fait entraîne fatalement un chiffre mal lu, et dès lors l'erreur comme résultat final.

Ainsi que nous l'avons déjà dit, nous nous sommes efforcé de n'aborder que des questions purement pratiques, telles qu'il s'en présente constamment en banque, dans le commerce et dans l'industrie. Toutefois nous avons appuyé toutes nos applications de raisonnements. Il ne nous suffisait pas que nos élèves pussent résoudre une question donnée, nous voulions encore qu'ils connussent la raison des opérations qu'ils faisaient. Nous n'avons pourtant emprunté à l'arithmétique théorique que ce qui était strictement nécessaire à l'intelligence de notre cours et ne saurait se trouver dans les traités élémentaires.

C'est ainsi que nous avons fait précéder les questions d'intérêts composés, d'annuités et d'amortissements, de la définition de la progression par quotient et de la recherche de la formule permettant de calculer rapidement les termes d'une progression, en négligeant tout ce qui n'avait pas une application directe à ces diverses questions. C'est ainsi encore que nous avons exposé très-sommairement la théorie des logarithmes.

Que l'on ne se laisse pas effrayer par la méthode algébrique que nous avons quelquefois employée vers la fin de notre cours; on reconnaîtra bientôt que quelques notions très-simples d'algèbre sont suffisantes pour comprendre les parties les plus délicates des théories mathématiques appliquées à l'arithmétique commerciale.

En résumé, en donnant tout ce qui pouvait être utile au point de vue mathématique dans le commerce et dans la banque, nous avons mis tous nos soins à débarrasser le chemin des pierres qui auraient pu l'encombrer : ce qui nous a permis d'aborder des hauteurs qu'on aurait pu croire inaccessibles à des intelligences de quinze ans.

EXPLICATION DE QUELQUES SIGNES

EMPLOYÉS DANS CET OUVRAGE

£   Pound ou livre ster-
ling.

sh   Shilling.

d   Penny (au pluriel
pence).

cwt   Hundred-weight ou
quintal.

qr, qrs   Quarter ou quart de
quintal.

lb, lbs, ℔, ℔   Pound ou livre.

dwt, dwts   Penny-weight.

oz   Ounce ou once.

dr   Dram ou Drachme.

gr, grs   Grain.

yd   Yard.

ft   Foot (au pluriel Feet)
ou pied.

in   Inch (au pluriel inches) ou pouce.

℔   Thaler.

Ngr, ngr   Neugroschen.

Sgr, sgr   Silbergroschen.

℔   Pfennig (au pluriel
Pfennige).

ƒ   Gulden ou Florin de
Hollande.

Fl 52 1/2, fl 52 1/2   Gulden ou Florin au
pied de 52 1/2 ([1]).

Kr, kr   Kreuzer.

Fl 45, fl 45   Gulden ou Florin au
pied de 45.

Nkr, nkr   Neukreuzer.

ℳ   Mark.

B° ℳ   Mark banco.

ℛℳ   Reichsmark.

β, Sch   Schilling (au pluriel
Schillinge).

Ctn   Centner ou quintal.

Pfd   Pfund ou livre.

Lth   Loth.

$ Piastre.

$ Piastre forte.

$ Piastre papier.

Milreis.

([1]) C'est-à-dire à la taille de 52 1/2 par livre
d'argent de 500 grammes.

COURS RAISONNÉ
D'ARITHMÉTIQUE COMMERCIALE

LIVRE PREMIER

CALCULS PRÉPARATOIRES

CALCULS DES NOMBRES ORDINAIRES

MULTIPLICATIONS ET DIVISIONS ABRÉGÉES.

Le temps étant chose précieuse et toujours à considérer en affaires, il est permis de chercher à abréger sa besogne, pourvu que cela ne puisse devenir une source d'erreurs. C'est dans ce but que nous avons songé à donner ici quelques exemples de calculs abrégés. Sans que nous y attachions une trop grande importance, nous croyons qu'il peut être utile pour nos élèves d'être familiarisés avec ces moyens expéditifs.

I. Soit à multiplier 264 589 par 48 126.

Cette multiplication peut se faire par 3 produits partiels au lieu de 5, le multiplicateur pouvant se décomposer en 48 mille, 12 dizaines, 6 unités, puisque 12 et 48 sont tous deux multiples de 6.

En effet,

$$12 = 6 \times 2,$$
$$48 = 12 \times 4.$$

En conséquence, après avoir obtenu le produit du multiplicande 264 589 par 6, nous l'aurons par 12 en multipliant ce premier produit partiel par 2 ; et en multipliant à son tour ce deuxième produit partiel par 4, nous obtiendrons un troisième produit partiel égal à celui que donnerait la multiplication du multiplicande 264 589 par 48.

Mais il faut tenir compte que, le deuxième produit partiel étant en réalité le produit du multiplicande 264 589 par 12 dizaines, le premier chiffre à droite de ce produit doit être écrit au rang des dizaines ; que, le troisième produit partiel étant en fait le produit de la multiplication du multiplicande 264 589 par 48 mille, le premier chiffre à droite de ce produit doit occuper la place des mille.

EXEMPLE.

Multiplication ordinaire.

```
      264 589
       48 126
     ─────────
    1 587 534        7 │ 3
    5 291 78        ───┼───
   26 458 9          3 │ 3
  2 116 712
 10 583 56
 ─────────────
 12 733 610 214
```

Multiplication abrégée.

```
      264 589
       48 126
     ─────────
    1 587 534
   31 750 68
  2 700 272
 ─────────────
 12 733 610 214
```

Ces multiplications abrégées reposent sur ce principe d'arithmétique : En multipliant un nombre par le produit de plusieurs facteurs, on obtient le même produit qu'en multipliant ce nombre par chacun des facteurs de ce produit.

D'où nous concluons que lorsque les chiffres du multiplicateur isolés ou réunis sont des parties multiples ou sous-multiples les unes des autres, on peut recourir à la multiplication abrégée.

EXERCICES (¹).

1. Multiplier 901 284 792 par 27 549 en ne faisant que trois produits partiels.

Réponse : 24 829 494 734 808.

(¹) Afin de s'assurer que l'élève fait consciencieusement son travail, le professeur exigera toujours que les calculs figurent sur la copie.

2. Multiplier 674 289 par 998.

On remarquera que $998 = 1000 - 2$. En conséquence, du produit 674 289 par 1000 on retranchera le produit de 674 289 par 2.

Réponse : 672 940 422.

3. Multiplier 954 679 par 125.

On remarquera que 125 est le $\frac{1}{8}$ de 1000.

Réponse : 119 334 875.

4. Multiplier 18 037 294 par 225 en s'appuyant sur ce que $225 = 125 + 100$.

5. Multiplier 475 297 par 75.

75 étant les 3/4 de 100, il suffit, pour obtenir le résultat, de retrancher du produit 475 297 par 100 le quart de ce même produit.

6. Multiplier 872 961 par 35.

Remarquer que $35 = 10 + 25$ et que, par conséquent, il suffit, pour obtenir le résultat, d'ajouter au produit de 872 961 par 10 le quart du produit de 872 961 par 100.

7. Multiplier 8 109 724 par 101 en s'appuyant sur ce que 101 égale $100 + 1$.

8. Multiplier 46 478 par 11 , par 12 , par 13 , par 14 , par 15. Faire chacune de ces multiplications en un seul produit.

De futurs comptables doivent savoir obtenir directement le produit d'un nombre par 11 , 12 , 13 , 14 , 15 . Aussi leur recommandons-nous de s'y exercer jusqu'à ce que cela leur devienne aussi facile que d'obtenir le produit par un seul chiffre. Ils doivent encore s'excercer à prendre très-rapidement, sans recourir à la division, le 11°, le 12°, le 13°, etc., d'un nombre donné.

9. Faire une table de multiplication jusque 15 fois 15.

10. Diviser 47 109 920 par 5 et expliquer pourquoi on peut obtenir le résultat en multipliant par 2 le quotient de la division de 47 109 920 par 10.

11. Diviser 9 214 060 par 15 et démontrer qu'on obtient le quotient en prenant le 1/3 du 1/10 du double du dividende.

12. Diviser 21 456 789 par 35 et par 45.

Remarquer qu'on peut abréger les calculs en doublant le multiplicande et en divisant par 70 et 90.

13. Diviser 9 654 800 par 25 et démontrer qu'il suffit pour obtenir le résultat de multiplier par 4 le quotient de la division du dividende par 100.

14. Diviser 8 945 628 690 par 125, c'est-à-dire par le 1/8 de 1000.

15. Remarquer que pour diviser un nombre quelconque, 2 964 287 894 par exemple, par 999, il suffit de diviser le dividende par 1000, puis le reste ainsi obtenu également par 1000, et ainsi de suite aussi loin que possible ; enfin d'additionner ensemble tous les quotients obtenus.

N. B. Cette règle peut s'appliquer à toute division par un nombre formé d'un nombre quelconque de chiffres 9.

Pour plus de facilité on peut disposer ainsi les calculs.

2 964 287	894
2 964	287
2	964
	2
Le quotient est donc 2 967 255	147
ou en forçant les millièmes d'une unité	1
2 967 255	148

II. Prendre directement la 1/2, le 1/3, le 1/4....... ou le 1/10, le 1/12, des nombres suivants : 47 001 600, 622 702 080, 43 599 145 600, 141 004 800 ; totaliser les résultats donnés par chacun de ces nombres en comprenant dans l'addition le nombre lui-même ; faire ensuite le total des quatre résultats obtenus.

	47 001 600		622 702 080
la 1/2 est	23 500 800	la 1/2 est	311 351 040
le 1/3	15 667 200	le 1/3	207 567 360
	11 750 400		155 675 520
	9 400 320		124 540 416
	7 833 600		103 783 680
	6 714 514		88 957 440
	5 875 200		77 837 760
	5 222 400		69 189 120
	4 700 160		62 270 208
	4 272 872		56 609 280
le 1/12	3 916 800		51 891 840
	145 855 866		1 932 375 744

	43 599 145 600		141 004 800
la 1/2 est	21 799 572 800	la 1/2 est	70 502 400
le 1/3	14 533 048 533	le 1/3	47 001 600
	10 899 786 400		35 251 200
	8 719 829 120		28 200 960
	7 266 524 266		23 500 800
	6 228 449 371		20 143 542
	5 449 893 200		17 625 600
	4 844 349 511		15 667 200
	4 359 914 560		14 100 480
	3 963 558 690		12 818 618
	3 633 262 133		11 750 400
	135 297 334 184		437 567 600

```
    145 855 866
  1 932 375 744
135 297 334 184
  437 567 600
-----------------
137 813 133 394
```

Ces exercices constituent une excellente gymnastisque sur la table de multiplication et trouvent une application constante dans le calcul des changes de place, des commissions, et surtout dans l'emploi des parties aliquotes du calcul des nombres complexes.

EXERCICES.

16. Prendre le 1/8, le 1/9, le 1/11, le 1/12, le 1/15, des nombres suivants : 45 678 910, 794 567 624, 891 004 782, 654 590 431, et totaliser les résultats comme dans l'exemple ci-dessus.

FORMULES DES SURFACES ET DES VOLUMES.

Nous croyons bon de faire précéder nos exercices de calcul sur les surfaces, les volumes et le poids des corps, d'un tableau des formules servant à ces applications du système métrique et d'un tableau des densités de quelques corps solides et liquides.

On entend par *densité* d'un corps le poids de ce corps relativement au poids du même volume d'eau. Ainsi, lorsqu'on dit que la densité d'un corps est 8, cela veut dire que ce corps, sous un même volume, pèse 8 fois autant que l'eau. Le décimètre cube d'eau pesant 1 kilogramme, il suffit de multiplier par sa densité le volume d'un corps exprimé en décimètres cubes pour avoir son poids en kilogrammes.

REMARQUE. Selon que les dimensions linéaires seront exprimées en mètres, en décimètres, en centimètres, etc., le volume sera exprimé en mètres cubes, en décimètres cubes, en centimètres cubes, etc.

Lors donc qu'on aura pris le mètre pour unité de longueur, le volume sera évalué en mètres cubes ; il suffira d'avancer la virgule de trois rangs vers la droite pour réduire ce volume en décimètres cubes.

Surface du carré : C^2 ou $C \times C$, C étant le côté du carré.

Surface du rectangle : $B \times H$, B étant la base et H la hauteur.

Surface du parallélogramme : $B \times H$.

Surface du triangle : $\dfrac{B \times H}{2}$ ou $B \times \dfrac{H}{2}$.

Surface du trapèze : $\dfrac{B + B'}{2} \times H$, B et B' représentant les côtés parallèles.

Surface du cercle : πR^2 ou $\pi \times R \times R$. $\pi = 3,1416$ (¹) ; R = rayon.

Surface convexe du cylindre : $2\pi RH$ ou $2 \times \pi \times R \times H$.

Surface convexe du cône : πRC ou $\pi \times R \times C$. C côté ou apothème.

Surface convexe de la sphère : $4\pi R^2$ ou $4 \times \pi \times R \times R$.

Volume du cube : C^3 ou $C \times C \times C$. C côté ou arête.

Volume du parallélipipède rectangle : $A \times B \times C$, A, B, C désignant les trois arêtes aboutissant à un même point.

Volume du cylindre : $\pi R^2 H$ ou $\pi \times R \times R \times H$.

Volume du cône : $\dfrac{\pi R^2 H}{3}$.

Volume de la sphère : $\dfrac{4 \pi R^3}{3}$.

Volume du tronc d'arbre : $\dfrac{\pi (R^2 + R'^2) H}{2}$, R et R' rayons des bases.

_____

(¹) Ce nombre 3,1416 est le rapport de la circonférence au diamètre ; en le multipliant par 2R, on obtient la longueur de la circonférence ; d'où la formule circ. $= 2\pi R$.

Volume du tonneau : formule d'Ougthred :

$$(d^2 + 2D^2) \times l \times 0,2618.$$

d diamètre du jable, D diamètre du bouge, l longueur du tonneau.

Formule de Dez.

$$\pi l \left[R - \frac{3}{8}(R - r) \right]^2.$$

R représente la moitié du grand diamètre et r la moitié du petit diamètre.

Tableau des densités de quelques corps solides et de différents corps liquides.

Acier	7,81	Ivoire	1,92
Albâtre	1,87	Laiton	8,39
Aluminium	2,67	Liége	0,24
Antimoine	6,71	Marbre	2,84
Argent fondu	10,47	Or fondu	19,26
Arsenic	5,75	Or forgé	19,36
Bismuth	9,82	Platine fondu	21,15
Bois de cèdre	0,56	Platine écroui	23,
Bois de cyprès	0,60	Plomb	11,35
Bois de hêtre	0,85	Porcelaine de Chine.	2,38
Bois d'orme	0,80	Porcelaine de Sèvres	2,24
Bois de peuplier	0,38	Soufre natif	2,03
Bois de sapin	0,66	Verre de St-Gobain.	2,49
Bois de tilleul	0,60	Zinc	6,86
Corail	2,68	Alcool	0,806
Cristal de roche	2,65	Acide azotique	1,217
Cuivre fondu	8,79	Acide chlorhydrique	1,210
Cuivre en fil	8,88	Acide sulfurique	1,841
Diamant	3,53	Eau de mer	1,026
Étain	7,29	Ether sulfurique	0,715
Fer	7,79	Essence de térében-	
Flint-glass	3,60	thine	0,870
Fonte de fer	7,21	Huile d'olive	0,913
Glace	0,93	Lait	1,030
Gypse	2,33	Mercure	13,598
Granit	2,70	Sulfure de carbone.	1,293
Graphite	2,33	Vin de Bordeaux	0,994
Houille compacte	1,33	Vin de Bourgogne	0,991

CALCULS DES NOMBRES ORDINAIRES.

CALCULS SUR LES SURFACES, LES VOLUMES ET LES DENSITÉS.

I. Déterminer la surface de la tôle employée à la confection d'une cuve cylindrique à fond hémisphérique de $2^m,50$ de diamètre sur $3^m,55$ de profondeur et d'un couvercle conique de même diamètre et de $1^m,50$ de côté.

$$
\begin{aligned}
\text{Surface de la demi-sphère :} &\ldots & 2\pi R^2 &= 9^{m2},8175\\
\text{Surface de la partie cylindrique :} &\quad & 2\pi RH &= 18,0642\\
\text{Surface du couvercle :} &\ldots\ldots & \pi RC &= 5,8905\\
\text{Surface totale} &\ldots\ldots\ldots & &\overline{33^{m2},7722}
\end{aligned}
$$

R=1,25. H=3,55−1,25=2,30. C=1,50.

Calcul de la demi-sphère.

$$
\begin{array}{lll}
3,1416 & 6,2832 & 7,854\\
\underline{\quad 2} & \underline{\quad 1,25} & \underline{\quad 1,25}\\
6,2832 & 314160 & 39270\\
 & 1\,25664 & 1\,5708\\
 & 6\,2832 & 7\,854\\
 & \overline{7,854000} & \overline{9,81750}
\end{array}
$$

Calcul de la partie cylindrique.

$2\times3,1416\times1,25=7,854\times2,30=18,0642.$

$$
\begin{array}{l}
7,854\\
\underline{\quad 2,3}\\
2\,3562\\
15\,708\\
\overline{18,0642}
\end{array}
$$

Calcul de la surface du cône.

$$
\begin{array}{ll}
3,1416 & 3,927\\
\underline{\quad 1,25} & \underline{\quad 1,50}\\
157080 & 1\,96350\\
62832 & 3\,927\\
3\,1416 & \overline{5,89050}\\
\overline{3,927000} &
\end{array}
$$

17. L'élève fera le même problème en prenant les dimensions suivantes :

Diamètre du cylindre, du cône et de la demi-sphère, $1^m,75$. Côté du cône, $0^m,95$. Hauteur du cylindre : $1^m,40$.

Réponse : 15 mètres carrés 1189 centim. carrés.

Remarque. On abrégera le travail en commençant le calcul de chacune des trois formules par $\pi \times R$.

II. Combien faudrait-il payer pour 6 kilomètres de tuyaux de conduite en fonte de 0,25 de diamètre extérieur et de 0,17 de diamètre intérieur, la densité de la fonte étant 7,2 et le kilogramme de fonte coûtant $0^f,45$, main-d'œuvre comprise.
Appliquer la formule :

$$V = \pi R^2 H - \pi R'^2 H, \qquad (1)$$

et vérifier les résultats par les deux formules suivantes :

$$V = \pi H (R^2 - R'^2), \qquad (2)$$
$$V = \pi H (R + R') (R - R'), \qquad (3)$$

qui s'obtiennent, l'une en mettant πH en facteur commun, l'autre en remplaçant de plus $R^2 - R'^2$ par $(R + R') (R - R')$.

Réponse : 513010 fr. 70.

3,1416	3,1416	$294^{m²}525\ 00$
0,125	0,085	136 188 36
157080	157080	$158^{mc}336,64$
62832	251328	7,2
31416	0,2670360	31667 328
0,3927000	0,085	1108356 48
0,125	1335180	$1140023^{kg}808$
19635	2136288	0,45
7854	0,022698060	57001 19040
3927	6000	456009 5232
0,0490875	136,18836000	$513010^f 71360$
6000		
294,5250000		

Vérification du volume par les formules 2 et 3.

3,1416	0,125	0,085	0,015625	18849,60
6000	0,125	0,085	0,007225	0,0084
18849,6000	625	425	0,008400	7 539840
	250	680		150 79680
	125	0,007225		158,336640 résultat
	0,015625			identique à celui trouvé
				plus haut.

$3,1416 \times 6000 = 18\ 849,60,$
$0,125 + 0,085 = 0,210$; $0,125 - 0,085 = 0,040,$
$0,210 \times 0,040 = 0,0084$, qui, multipliés par $18\ 849,60$,
donneront encore 158 336 décim. cubes.

EXERCICE.

18. Même problème avec les dimensions suivantes :

$$R = 0,20,\ R' = 0,15.$$

Réponse : 1 068 772 francs.

III. Exprimer en litres la capacité d'un tonneau dont la longueur est de $0^m,90$, le grand diamètre $0^m,61$, les petits diamètres de $0^m,52$.

Appliquer la formule d'Oughtred :

$$V = (d^2 + 2D^2)\, l \times 0,2618,$$

et vérifier le résultat par la formule de Dez, généralement suivie aujourd'hui en France :

$$V = \pi l \left[R - \frac{3}{8}(R - r) \right]^2,$$

dans laquelle R représente la moitié du grand diamètre, et r la moitié du petit diamètre.

Calcul de la formule $V = (d^2 + 2D^2) \, l \times 0,2618.$

0,52	0,61	0,3721	1,0146	0,91314
0,52	0,61	2	0,9	0,2618
104	61	7442	0,91314	730512
260	366	2704		91314
0,2704	0,3721	1,0146		547884
				182628
				$0^{m3},239060052$

Réponse : $0^{m3},239^{dm2}060^{cm3}$ ou 239 litres 06 centil.

Calcul de la formule $V = \pi l \left[R - \frac{3}{8} (R - r) \right]^2.$

3,1416	0,305	$0,045 \times 3 = 0,135 = 0,016875$
×0,9	−0,26	$\quad\quad\quad 8 \quad\quad 8$
2,82744	0,045	

$0,305 - 0,016875 = 0,288125.$

0,288125	2,8274
0,288125	0,083
1440625	84822
576250	226192
288125	0,2346742
2305000	
576250	
0,083016015625	

0,2346742   Soit 235 litres environ, en tenant compte des décimales négligées.

EXERCICES.

19. Même problème avec les dimensions suivantes :

$$l = 0,95, \quad D = 0,65, \quad d = 0,55.$$

Réponse : 285 litres 394.

20. Vérifier les résultats inscrits à la dernière colonne du tableau suivant, emprunté au *Traité de Jaugeage* de E. Sergent.

DÉSIGNATION DES TONNEAUX.	DIAMÈTRE du bouge.	DIAMÈTRE des fonds.	LONGUEUR intérieure.	FORMULE $V = (d^2 + 2D^2) l \times 0{,}2618.$
	m	m	m	lit.
Quart muid............	0,428	0,398	0,515	70,753
Quarteau Champagne.. .	0,474	0,447	0,554	93,934
Quarteau Orléans........	0,521	0,467	0,577	114,955
Quarteau Malaga	0,505	0,466	0,708	134,779
Quarteau Auvergne......	0,613	0,528	0,509	153,481
Demi-muid ou feuillette de Bourgogne	0,545	0,490	0,665	142,223
Busse d'Anjou...........	0,663	0,555	0,886	275,368
Busse de Saumur........	0,634	0,534	0,870	248,037
Muid Cahors.......	0,680	0,595	0,890	297,962
Petit muid Languedoc....	0,767	0,688	0,870	375,772
Muid Languedoc.........	0,844	0,677	0,908	447,016
Muid Roussillon.........	0,870	0,722	0,910	484,814
Barrique	0,758	0,634	1,163	472,261
Barrique	0,750	0,538	1,160	429,550
Barrique	0,820	0,662	1,160	541,489
Pipe commune de Saumur	0,730	0,604	1,200	449,437
Pipe.................	0,798	0,650	1,190	496,882

21. Déterminer le poids d'un projectile cylindro-conique en plomb aux dimensions suivantes:

Cylindre, $0^m,08$ de diamètre et de hauteur;

Cône, $0^m,08$ de diamètre sur $0^m,04$ de hauteur;

Densité du plomb, 11,3;

Volume du cylindre, $\pi R^2 H$;

Volume du cône, $1/3 \pi R^2 H$;

Réponse : 5 kilogr. 301 gr.

22. Même problème avec les dimensions suivantes :

Cylindre, diamètre 0,12, hauteur, 0,09;

Cône, diamètre 0,12, hauteur, 0,06.

Réponse : 14 kilogr. 058 gr.

23. Déterminer le poids d'un boulet creux en fonte de $0^m,40$ de rayon et de $0^m,05$ d'épaisseur, la densité de la fonte étant 7,2.

$$V = \frac{4\pi R^3}{3} - \frac{4\pi R'^3}{3} \text{ ou } \frac{4\pi}{3}(R^3 - R'^3).$$

Réponse : 637 kilogr. 116 gr.

24. Même problème avec les dimensions suivantes :

$$R = 0,52, \quad R' = 0,48.$$

Réponse : 905 kilogr. 263 gr.

25. Combien faudrait-il de mètres cubes de sable pour combler un trou rectangulaire de $6^m,50$ de long sur $3^m,25$ de large et $0^m,30$ de hauteur ?

Réponse : 6 mètres cubes 337 décim. cub.

26. Quelle profondeur devrait avoir un bassin de $4^m,50$ de longueur sur $3^m,40$ de largeur pour que sa capacité fût de 240000 litres ?

Réponse : 15 mètres 68 c.

27. Une pièce de terre peut se décomposer en 2 triangles : le 1er, de $47^m,50$ de base et $19^m,50$ de hauteur ; le 2e, de $27^m,40$ de base et de $45^m,30$ de hauteur. Quel serait le prix de ce terrain à raison de 48 fr. l'are ?

Réponse : 520 fr. 19 c.

28. Faire le cube d'un tombereau de charbon dont la largeur moyenne est $1^m,15$, la hauteur $1^m,20$ et la longueur $2^m,20$.

On fera le produit de ces trois dimensions et, pour tenir compte du tassement, on augmentera le résultat obtenu de ses 2/10.

Réponse : $3,036 + 0,607 = 3^m{}^3 643$.

29. Pour obtenir en litres la quantité d'huile contenue dans un fût, on retranche 1/6 du poids brut et on ajoute au reste de la soustraction le 1/9 de ce même reste. D'après cela, évaluer en litres la capacité d'un tonneau d'huile pesant brut 700 kilogr.

Réponse : 648 litres 149 mill.

30. Le volume d'un bois en grume s'obtient en multipliant le carré du 1/4 des 9/10 de la circonférence par la longueur. D'après cela, quel serait le volume d'un arbre de 4^m,60 de long, dont la circonférence moyenne serait de 1^m,60?

Réponse : 0 stère 596.

———

CALCULS DES NOMBRES COMPLEXES

On appelle *nombres complexes*, des nombres dont les subdivisions n'appartiennent pas toutes au système décimal. La division du temps, les poids, mesures et monnaies étrangères sont presque toujours des nombres complexes.

I. Réduire 45 pounds ou livres sterling en farthings.

```
  £ 45
  × 20
 ─────
  900 sh
  × 12
 ─────
  1800
   900
 ─────
 10800 d
    × 4
 ─────
 43200 farthings
```

Solution : La livre sterling ou pound valant 20 shillings, 45 livres sterling vaudront 20 × 45 ou 900 shillings de chacun 12 pence ou 10800 pence à 4 farthings = 43200 farthings.

II. Réduire 85 pounds ou livres sterling 14 shillings 6 pence 3 farthings en farthings.

```
  £ 85
  × 20
 ─────
  1700 sh
  + 14
 ─────
  1714 sh
  × 12
 ─────
  3428
  1714
 ─────
 20568 pence
    + 6
 ─────
 20574 d
    × 4
 ─────
 82296 farthings
    + 3
 ─────
 82299
```

Solution : £ 85 = sh 20 × 85 = sh 1700 + 14 = 1714 × 12 d = d 20568 + 6 = 20574 × 4 = 82296 farthings + 3 = 82299 farthings.

III. Réduire 24407 farthings en pounds, shillings, etc.

farthings 24407
        04
       007
     3 farth.

4		
6101	12	
101	508	20
5 pence	108	25 livres sterling.
	8 shillings	

Solution : 24407 farthings valent 6101 pence et 3 farthings ;
     6101 d = 508 sh + 5 d,
     508 sh = 25 £ + 8 sh.

Le quotient est donc £ 25 8 sh 5 d 3/4.

EXERCICES SUR LES RÉDUCTIONS (¹).

31. Réduire £ 25 15 sh 4 d en pence.

32. Réduire 2 yards 2 feet 7 inches en inches. Le yard, mesure de longueur anglaise, vaut 3 feet et le foot 12 inches.

33. Combien 40 Ctr (Centner ou quintaux) 60 ℔ (Pfund ou livres) 27 Lth (Loth) valent-ils de Loth ?

Le Ctr, mesure de poids de Berlin, vaut 100 ℔ de chacune 32 Lth.

34. Combien 32 Fass 1 Scheffel 30 Liter valent-ils de Liter?

Dans l'empire allemand 1 Fass (hectolitre) = 2 Scheffel = 100 Liter. Le Scheffel = 50 Liter.

N. B. Le Liter prend quelquefois en allemand le nom de *Kanne.*

35. Le Florin *ou Gulden* de Vienne se divisant en 100 Neukreuzers, réduire en Neukreuzers 370 Florins 10 Nkr.

36. Réduire 3746 pence en pounds, shillings et pence.

37. Réduire 6724267 farthings en pounds, shillings, etc.

(¹) Ce travail est si facile que nous avons cru inutile de donner les réponses aux questions posées.

38. Réduire 2 pounds ou livres (℔) 5 onces 10 penny-weights (dwts) 12 grains en grains.

N. B. 24 grains = 1 penny-weight (dwt),
20 penny-weights = 1 ounce . (oz),
12 ounces   = 1 livre. . (℔).

ADDITION DES NOMBRES COMPLEXES.

A l'exception des retenues qui sont déterminées par la relation des différentes espèces d'unités, l'addition et la soustraction des nombres complexes s'effectuent d'après les mêmes principes que l'addition et la soustraction des nombres ordinaires.

IV. Soit à additionner les nombres suivants :

£	sh	d	
14	6	7	1/4
8	10	5	1/2
18	9	2	3/4
9	5	4	
6	7	8	1/4
Total 56 £	19 sh .	3 d	3/4

Après avoir disposé les nombres les uns sous les autres, en mettant dans la même colonne ceux de même dénomination, et tiré un trait horizontal, commencez l'addition par les nombres de la dénomination inférieure. Étant bien fixé sur la relation des différentes espèces d'unités (^{1}), on établira que la somme de $\frac{1}{4}+\frac{1}{2}+\frac{3}{4}+\frac{1}{4}=\frac{7}{4}$ ou 7 farthings, soit 1 penny à reporter à la colonne des pence et 3 farthings ou $\frac{3}{4}$ à poser sous la colonne des farthings.

Le total des pence augmenté de 1 penny provenant de la retenue de la colonne précédente = 27 pence ou 2 shillings et 3 pence.

_____

(^{1}) La £ (livre sterling) = 20 shillings; le sh (shilling) = 12 pence, pluriel de penny ; le d (penny) = 4 farthings.

L'addition des shillings donne $37+2$ provenant de la colonne des pence ou 39 sh $= 1$ £ 19 sh.

Celle des £ donne $55+1$ fournie par la colonne des sh $= 56$ £, que l'on inscrira sous la colonne des £ sans diviser par aucun nombre, parce qu'il n'y a pas d'unités supérieures à la livre sterling, qui est la base du système monétaire anglais.

La somme cherchée est donc £ 56 sh 19 pence 3 farthings 3.

Lorsque dans les nombres complexes à additionner il se trouve d'autres fractions que celles qui peuvent résulter de la relation naturelle des différentes espèces d'unités entre elles, on applique à ces fractions la règle de l'addition des fractions ordinaires. La subdivision naturelle de la £ étant le 20°, celle du shilling le 12°, celle du penny le 1/4, une subdivision représentée par d'autres dénominateurs donnerait lieu à l'application de la remarque que nous faisons ici.

V. Exemple. Soit à additionner les nombres suivants :

£	sh	d	
14	14	6	3/8
24	12	8	1/2
6	17	4	5/6
15	12	9	1/8
7	19	0	1/10
Total £ 69	sh 16	d 4	14/15

Le total de $3/8 + 1/2 + 5/6 + 1/8 + 1/10$ est $1\frac{14}{15}$; on pose $\frac{14}{15}$ à la place des farthings et on retient 1 penny pour l'ajouter à la colonne des pence.

VI. Soit à additionner les poids suivants :

Tons	cwt	qrs	lbs
44	10	2	10
46	4	2	15
28	18	0	10
10	17	3	16
9	5	0	7
Total 139 tons	16 cwt	1 qr	2 lbs

Le total des pounds ou livres $= 58$: soit 2 quarters à reporter à la colonne des qrs, et 2 pounds.

Le total des quarters $=7+2$, soit 9, équivalant à 2 hundred-weight, à reporter à la colonne des cwt et 1 quarter.

Le total des hundred-weight $=54+2=56$, soit 2 tons, à reporter à la colonne des tons, et 16 cwt.

Enfin le total des tons, augmenté de 2 provenant de la conversion des hundred-weight, donne 139 (¹).

SOUSTRACTION DES NOMBRES COMPLEXES.

VII. Soit à retrancher £ 5 10 sh 11 d 3/4 de £ 10 9 sh 6 d 1/4.

£	sh	d
10	9	6 1/4
5	10	11 3/4
Reste £ 4	18 sh	6 1/2 d

Après avoir placé le plus petit nombre sous le plus grand, de façon que les nombres de même dénomination se trouvent l'un sous l'autre dans la même colonne, et après avoir tiré un trait horizontal au-dessous, commencez la soustraction par la droite.

3/4 ne pouvant se retrancher de 1/4, augmentez celui-ci de 1 penny ou $\frac{4}{4}$; $\frac{1}{4}+\frac{4}{4}=\frac{5}{4}$; $\frac{5}{4}-\frac{3}{4}=\frac{2}{4}$, ou $\frac{1}{2}$ que vous posez sous la colonne des farthings, 1/2 penny valant 2 farthings.

Pour ne pas fausser le résultat final, ajoutez 1 penny aux 11 pence du nombre inférieur ; 11 pence $+$ 1 penny $=$ 12 pence, qui ne peuvent se retrancher de 6 ; il faut donc augmenter ces 6 pence de 1 shilling ou 12 pence ; $6+12=18$; $18-12=6$, que vous inscrivez sous les pence, en ayant soin de retenir 1 shilling, pour augmenter le nombre inférieur d'une quantité égale à celle dont vous venez d'augmenter le nombre supérieur, afin de ne pas modifier la différence finale ; et ainsi de suite jusqu'aux

---

Poids dits *Avoirdupois*.

(¹) 1 Ton $=$ 20 cwt   (hundred-weight).
    1 Hundred weight $=$ 4 qrs   (quarters).
    1 Quarter $=$ 28 lbs   (pounds).
    1 Pound $=$ 16 oz   (ounces).
    1 ounce $=$ 16 dr   (drams).

Ou, si l'on préfère, 1 tonne $=$ 20 quintaux.
            1 quintal $=$ 4 quarts de chacun 28 livres, la livre valant 16 onces.

livres sterling, qui doivent pouvoir se soustraire sans modification du nombre supérieur.

VIII. Soit à retrancher 200 lbs 10 oz 14 dwts, de 254 lbs 8 oz 10 dwts ([1]).

	lbs	oz	dwts
	254	8	10
	200	10	14
Reste	53	9	16

Si dans les nombres complexes à soustraire il se trouvait d'autres fractions que celles qui peuvent résulter des différentes espèces d'unités entre elles, on appliquerait à ces fractions la règle de la soustraction des fractions ordinaires.

IX. Soit à retrancher £ 4 10 sh 7 d $\frac{1}{6}$ de £ 24 9 sh 4 d 1/3.

	£	sh	d
	24	9	4 1/3
	4	10	7 1/6
Reste	19	18	9 1/6

EXERCICES SUR L'ADDITION ET LA SOUSTRACTION
DES NOMBRES COMPLEXES.

39. Additionner les nombres suivants ([2]) ([3]) :

yards	feet	inches
4	2	7
17	1	8
19	0	11
8	2	4

Poids dits de *Troy*.

([1]) 1 Ton   = 20 cwt   (hundred-weight).
   1 Hundred weight = 100 lbs   (pounds).
   1 Quarter   = 25 lbs
   1 Pound (livre)   = 12 oz   (ounces).
   1 ounce   = 20 dwts   (penny-weights).
   Penny-weight   = 24 grs   (grains).

([2]) Les mesures de longueur anglaises sont :
     Le yd (yard) = 3 ft   (feet).
       1 foot   = 12 in   (inches).
Ce qui équivaut à dire que le yard vaut 3 pieds et le pied 12 pouces.

([3]) Afin de permettre au professeur de s'assurer que le travail a été fait, nous nous abstenons ici de donner les réponses des problèmes.

40. Additionner les nombres suivants exprimés en monnaies allemandes, en tenant compte que

le ℳ (Thaler) = 30 Ngr (Neugroschen),
1 Ngr = 10 ℳ (Pfennige).

ℳ	Ngr	ℳ
40	20	4
54	24	5
117	18	9
67	22	4
178	3	7

41. Additionner les nombres suivants exprimés en monnaies allemandes, sachant que

le ℳ (Mark) = 16 β (Schillinge),
le β (Schilling) = 12 ℳ (Pfennige).

ℳ	β	ℳ
24	10	9
190	4	4
18	12	9
198	2	7
47	14	10
67	8	9

42. De 456 ℳ 20 sgr 10 ℳ soustraire 47 ℳ 27 sgr 10 ℳ, sachant que le ℳ (Thaler) = 30 sgr (Silbergroschen), le sgr = 12 ℳ (pfennige).

ℳ	sgr	ℳ
456	20	10
47	21	11

MULTIPLICATION ET DIVISION DES NOMBRES COMPLEXES.

X. Soit à multiplier £ 8 3 sh 2 d 1/2 par 7.

£	sh	d
8	3	2 1/2
		× 7
Total 57	2	5 1/2

1/2 penny multiplié par $7 = \frac{7}{2}$ penny, soit 3 d $\frac{1}{2}$; posez 1/2, et retenez 3 d pour les ajouter au produit des pence par 7. $2 d \times 7 = 14$; $14 + 3 = 17 d = 1$ sh $+ 5 d$; posez 5 d et retenez 1 sh., et ainsi de suite comme pour l'addition.

Lorsque le multiplicateur est plus grand que 12, il est plus simple de la décomposer en différents facteurs et parties de facteur, à peu près comme dans l'emploi des parties aliquotes dont nous parlons plus loin.

XI. Soit, par exemple, à multiplier :

£ 30 10 sh. 8 d 1/4 par 31.

$$31 = 6 \times 5 + 1.$$

```
 £ 50      10 sh 8 d 1/4
              × 6
————————————————————
= £ 303     4    1   1/2 = valeur de £ 50 10 sh 8 d 1/4 × 6.
              × 5
————————————————————
= £ 1516    0    7   1/2 = valeur de £ 50 10 sh 8 d 1/4 × 6 × 5.
   + 50 10       8   1/4
————————————————————
 £ 1566 11   3   3/4 = valeur de £ 50 10 sh 8 d 1/4 × 31.
```

Si le multiplicande contient d'autres fractions que celles qui peuvent résulter de la relation naturelle des différentes espèces d'unités entre elles, par exemple, au lieu de farthings, quelque autre fraction de penny, on procédera comme il vient d'être dit, en prenant soin toutefois d'appliquer à la multiplication de la fraction le procédé employé pour les fractions ordinaires.

XII. Soit à multiplier £ 40 sh 7 d 4 3/8 par 20.

```
 £ 40     7 d 4 3/8
             × 4                 3/8 × 4 = 12/8 = 1 d 4/8.
————————————————
 £ 161    9   5   4/8
             × 5
————————————————
 £ 807    7   3   4/8
```

$$\frac{3}{8} \times 4 = \frac{12}{8} = 1 \, d \, \frac{4}{8}.$$

XIII. Soit à diviser £ 329 16 sh 8 d par 130.

Les Anglais posent l'opération comme suit, le diviseur à gauche :

```
130)      329 £. 16 sh  8 d      ( £ 2, 1ᵉʳ quotient partiel.
        —  260
          ———
           69 £
        ×   20
        =———
         1380 sh
        +  16  »
130)    =———
         1396 »                   ( 10 sh, 2ᵉ quotient partiel.
        — 1300
        =———
           96 »
        ×  12
          ———
          192 »
           96
        =———
         1152 pence
        +   8
130)     ———
         1160  »                   ( 8 pence, 3ᵉ quotient.
        — 1040
        =———
          120  »
        ×   4
130)    = ———
          480 farthings           ( 3 farthings, 4ᵉ quotient.
        —  390
          ———
           90
```

Les quotients réunis donnent : £ 2 sh 10 d 8 $\frac{3}{4}$.

329 £ divisées par 130 donnent 2 £ au quotient et 69 pour reste. Ce reste vaut 69 fois 20 shillings ou 1380 shillings, qui, augmentés des 16 shillings indiqués au dividende, = 1396 shillings. Ce nouveau dividende divisé par le diviseur 130 = 10 sh, plus un reste de 96 à convertir en pence, et ainsi de suite jusqu'aux farthings.

XIV. Si le diviseur ne dépasse pas le nombre 12, la division s'opère facilement sur une seule ligne :

$$12) \quad \frac{£ \ 4 \ \text{sh} \ 10 \ \text{d} \ 5}{7 \quad 6 \, \frac{5}{12}}$$

Comme on ne peut pas diviser 4 par 12, on convertit mentalement 4 £ en shillings = 80 + 10 = 90 ; 90 sh : 12 = 7 sh + 6 pour reste. Or 6 sh = 72 pence + 5 = 77 pence 77 : 12 = 6 pence + $\frac{5}{12}$ de penny.

XV. Il est souvent avantageux de prendre les facteurs du diviseur.
Ainsi au lieu de diviser £ 27 — 10 sh — 3 d par 18, on
peut diviser par 3 et prendre le $\frac{1}{6}$ du résultat.

$$
18 \left\{
\begin{array}{l|ccc}
 & \text{£} & \text{sh} & \text{d} \\
3 & 27 & 10 & 3 \\
\hline
 & 9 & 3 & 5 \\
\hline
6 & \text{£ 1} & 10 & 6\frac{5}{6}
\end{array}
\right.
$$

XVI. Si le diviseur est 10, 100, 1000, etc., on opère ordinairement pour cette division en séparant un, deux, trois chiffres à
la droite de chacun des dividendes partiels.

Soit à diviser : £ 1430 10 sh par 100.

$$
\begin{aligned}
&£ 14,30 — 10 \text{ sh} \\
&\times \quad 20 \\
&\overline{= \quad 600 + 10} \\
&= 6,10 \text{ sh.} \\
&\times \quad 12 \\
&\overline{= 1,20 \text{ d ou } 1\frac{1}{5}\text{ d}}
\end{aligned}
$$

Le quotient est £ 14 6 sh $1\frac{1}{5}$ d.

Par la méthode ordinaire on aurait :

$$
\begin{array}{rl}
100) & 1430 \text{ £ 10 sh} \qquad (14 \text{ £.} \\
 & - \;\; 100 \\
\hline
= & 430 \\
 & - \;\; 400 \\
\hline
= & 30 \\
\times & 20 \\
\hline
= & 600 \text{ sh} \\
+ & 10 \\
\hline
100) & 610 \text{ »} \qquad\qquad (6 \text{ sh.} \\
 & - \;\; 600 \\
\hline
= & 10 \text{ pence} \\
+ & 12 \\
\hline
100) = & 120 \text{ »} \qquad\qquad (1 \text{ d} \frac{1}{5}. \\
 & 20
\end{array}
$$

Le quotient est également £ 14 6 sh 1 d 1/5

XVII. Soit à diviser : £ 449 4 sh par 2400.

Commencez par diviser par les facteurs 4 et 6 et ensuite par 100.

```
4 | 449    4
6 | 112    0
  | £18  14 sh  4 pence : 100 = £ 0  3 sh  7 d 72/100 .
```

Le quotient est donc en arrondissant : £ 0 3 sh 8 d.

XVIII. Lorsque dans une multiplication les deux facteurs sont des nombres complexes, on peut, comme dans l'exemple suivant, réduire l'un des deux facteurs à la plus petite unité.

Quel est le prix de 25 cwt 3 qrs 25 lbs de marchandises à £ 2 14 sh 6 d le quintal (cwt) ?

Solution. 25 cwt 3 qrs 25 lbs = 2909 lbs ou $\frac{2909}{112}$ de quintal.

Le prix cherché sera donc

$$£ 2\ 14\ \text{sh}\ 6\ \text{d} \times \frac{2909}{112} = £\ 70\ 15\ 6\frac{1}{2} .$$

OPÉRATIONS.

```
        £      sh      d
        2      14      6
                  × 2909
      ─────────────────────
  £ 7927      0      6  | 112
    0087                | ─────────────
    × 20                | £ 70 15 6 1/2
  ─────────
    1740 sh
    0620
    060
    × 12
  ─────────
    120
    60
  ─────────
    720
    + 6
  ─────────
    726 d
    54
```

XIX. Lorsque le dividende et le diviseur sont tous deux des nombres complexes de même nature, on réduit les deux nombres à la même dénomination et on opère comme pour des nombres simples.

Combien de fois 4 sh 3 d 1/4 sont-ils contenus dans £ 4 sh 5 d 5 ?

$$
\begin{array}{rr}
£\ 4\ 5\ \text{sh}\ 5\ \text{d} & 4\ \text{sh}\ 3\ \text{d}\ 1/4 \\
\times\quad 20 & \times\quad 12 \\
\hline
=\quad 80 & =\quad 48 \\
+\quad 5 & +\quad 3 \\
\hline
85 & =\quad 51 \\
\times\quad 12 & \times\quad 4 \\
\hline
170 & =204+1=205\ \text{farthings} \\
85 & \\
\hline
1020 & \\
+\quad 5 & \\
\hline
1025 & \\
\times\quad 4 & \\
\hline
=4100\ \text{farthings.} &
\end{array}
$$

$$
205\ )\qquad \begin{array}{l} 4100 \\ 410 \\ \hline 000 \end{array} \qquad (20
$$

XX. Lorsqu'on a à multiplier un nombre complexe par un nombre fractionnaire, il est souvent plus avantageux de multiplier par le nombre entier, puis d'ajouter à ce premier produit le produit de la multiplication par la fraction.

Soit à multiplier £ 4 5 sh 4 d par 4 3/5.

$$
\begin{array}{l}
(£\ 4\ 5\ 4)\times 4 = £\ 17\quad 1\quad 4 \\
\dfrac{(£\ 4\ 5\ 4)\times 3}{5} = \qquad 2\quad 11\quad 2\tfrac{2}{5} \\
\hline
\qquad\qquad\qquad\qquad £\ 19\quad 12\quad 6\tfrac{2}{5}
\end{array}
$$

XXI. Lorsqu'on a à diviser un nombre complexe par un nombre fractionnaire, il est plus avantageux de réduire le nombre fractionnaire en fraction.

Soit à diviser £ 40 10 sh 4 d par 2 1/4 ou 9/4 ([1]).

$$(\text{£ } 40 \ 10 \ 4) : 9/4 = \frac{(\text{£ } 40. \ 10. \ 4) \times 4}{9}$$

```
         £ 40    10 sh    4 d
                 × 4
 91 )   £ 62    4        4              ( £ 18 0 5 3/4.
          9     12       52     28
         ──     ──       ──     ──
         72     48       45     27
         72              7      1
         ──              ──
          0              4
                        ──
                        28.
```

EXERCICES SUR LA MULTIPLICATION ET LA DIVISION DES NOMBRES COMPLEXES.

43. Multiplier 4 tons 15 cwt 15 lbs (poids de *troy*) par 7. (1 ton = 20 cwt ; 1 cwt = 100 lbs.) ([2])

44. Multiplier 120 ℳ 14 sgr 9 ℥ par 48. Remarquer que 48 = 6 × 8. Le ℳ = 30 Sgr. ; le Sgr = 12 ℥.

45. Multiplier £ 25 18 sh 7 d 4/5 par 24.

46. Multiplier 45 ℒ 11 β 9 ℥ par 73. Remarquer que 73 = (8 × 9) + 1 et que le Mark vaut 16 Schillinge, et le Schilling 12 Pfennige.

47. Trouver le prix de 373 ℔ (livre) à 13 sgr.

48. Diviser £ 450 15 sh 7 d par 80.

49. Diviser 4645 ℳ 15 Ngr par 18 (18 = 3 × 6).

50. Diviser £ 142 14 sh 3 d par 100 et ensuite par 600.

([1]) On trouvera de nombreux exercices sur les nombres complexes dans l'*Arithmetic for schools*, *par Barnard Smith, M. P.*, ouvrage dont nous nous sommes inspiré pour la rédaction de ce chapitre.

([2]) Afin de ne pas rendre ce travail trop facile, nous nous sommes abstenu de donner les réponses des premiers exercices.

51. Combien 3 Thalers 10 Ngr 4 Pf sont-ils contenus de fois dans 145 Thalers 20 Ngr ? On réduira le tout en Pfennige (¹).

52. Prendre les 7/8 de 45 Thalers 25 Sgr, et les 9/11 de 25 Marcks 10 Schillinge.

53. Quel est le prix de 400 bûches de bois de teinture pesant 323 cwt 3 qrs 14 lbs à 8 1/2 livre st. la tonne ?

Réponse: £ 137 12 sh. 11 d.

54. Combien doit-on payer pour 122 livres d'indigo à 2 Thalers 21 Neugroschen la livre ?

Réponse : 329 Th 12.

55. Quel serait le prix de 6 lots de dents d'éléphant des Indes orientales :

le 1ᵉʳ de   3 qrs 22 lbs à £ 44   5 sh le cwt ;
le 2ᵉ de 1 cwt 1 qr   9 lbs à £ 48 10 sh le cwt ;
le 3ᵉ de 1 cwt »   23 lbs à £ 39   5 sh le cwt ;
le 4ᵉ de   3 qrs 3 lbs à £ 39 15 sh le cwt ;
le 5ᵉ de   2 qrs 25 lbs à £ 37 10 sh le cwt ;
le 6ᵉ de   2 qrs   à £ 35   le cwt .

Les poids employés sont le hundred-weight ou quintal (cwt) = 4 quarters (qrs) de chacun 28 pounds ou livres (lbs) ; la monnaie, la livre sterling à 20 shillings de 12 pence.

Comme exemple des calculs à effectuer, nous allons chercher le prix du 1ᵉʳ lot.

Le cwt égalant 112 lbs et valant £ 44 5 sh,

$$1 \text{ lb} \quad \text{vaut} \frac{\text{£ 44 5 sh}}{112} ;$$

et 3 qrs 22 lbs ou 106 lbs valent $\dfrac{\text{£ 44 5 sh} \times 106}{112} = $ £ 44 17 sh 7 d

---

(¹) Le Ngr vaut 10 Pfennige.

```
            £    sh
           44    5
                106 |
  ──────────────    |
  £ 4690   10 | 112
     210         ──────────
      98         £ 41  17  7
  × 20 sh
  ──────────
  1900 sh
  + 10
  ──────────
  1970
   850
    66
  × 12 d
  ──────────
   132
    66
  ──────────
   792
     8
```

On devra trouver :

pour le 2ᵉ lot	£ 64	10	6,
pour le 3ᵉ	47	6	3,
pour le 4ᵉ	30	17	6,
pour le 5ᵉ	27	2	5,
qour le 6ᵉ	17	10.	

MONNAIES DE COMPTES.

Dans les transactions et dans les écritures de commerce, on se sert à l'étranger des *monnaies de compte*, qui quelquefois ne sont que des monnaies fictives, mais qui le plus souvent se confondent avec les monnaies réelles. Nous donnons ici le tableau de la valeur *au pair* des monnaies de compte employées sur les principales places de commerce.

On appelle *pair*, ou encore *pair intrinsèque*, l'égalité de valeur entre deux monnaies, valeur déterminée par la quantité de métal fin contenu dans chaque espèce de monnaie et dans celle à laquelle on la compare.

AMSTERDAM. — Le *florin* ou *gulden*, ƒ, monnaie réelle valant fr. 2,14 et qui se subdivise en 100 cents.

BERLIN. — Le *thaler*, ℔, monnaie réelle valant fr. 3,71 et qui se subdivise en 30 silbergroschen à 12 pfennige ou en 360 pfennige.

BOGOTA (SANTA-FÉ DE). — Capitale de la Nouvelle-Grenade. La *piastre* ou *peso*, monnaie réelle valant fr. 5 ; elle se subdivise en 100 centavos.

BUENOS-AYRES. — L'*once d'or* ou *onza*, monnaie réelle valant fr. 81,56 ; elle équivaut à 16 patacons ou piastres fortes à 8 réaux ou à 100 centesimos.

CALCUTTA. — La *roupie*, ou *rupee*, monnaie réelle valant fr. 2,39 ; elle se divise en 16 annas ou 192 pices.

CONSTANTINOPLE. — La *piastre*, monnaie fictive valant fr. 0,23 ; elle se divise en 40 paras. Les sommes importantes se comptent par bourses : 1 bourse d'agent vaut 500 piastres ; 1 bourse d'or vaut 30000 piastres.

COPENHAGUE. — Le *rigsbankdaler*, monnaie réelle valant fr. 2,81 ; elle se divise en 96 skillinge.

FRANCFORT-SUR-MEIN. — Le *florin*, fl$^{52\,1/2}$ (¹) ou *gulden* valant fr. 2, 12 ; il se divise en 60 kreuzers ou 240 pfennige.

HAMBOURG. — Le *marc banco*, B°℔, monnaie fictive valant fr. 1,88, se divise en 16 schillinge.

N. B. Depuis le 15 février 1873 on compte dans toute l'Allemagne par reichmark, ℳ, valant 1/3 de thaler ou 10 sbg. et qui se divise en 100 pfennige.

LIMA. — Le *soleil* ou *sol*, monnaie réelle valant fr. 5, se divise en 100 centavos.

LISBONNE. — La *cruzade* de 1000 reis, ₰, monnaie fictive valant 5, 60. Un million de reis s'appelle un *conto de reis*. On sépare les contos de reis des milreis par deux points (:).

LONDRES. — La *livre sterling*, £, monnaie fictive qui a son équivalent le *souverain* ou *sovereign*, vaut fr. 25,21 ; elle se subdivise en 20 shillings, le shilling en 12 pence (au singulier penny), le penny en 4 farthings.

MADRID. — Le *doublon* ou *doblon*, qui se divise en 100 reales (réaux) et vaut fr. 25,84.

La *piastre forte* ou *peso duro*, monnaie réelle qui se divise en 20 reales (réaux) et vaut fr. 5,25.

(¹) Fl$^{52\,1/2}$ signifie florin au pied de 52 1/2 , c'est-à-dire à la taille de 52 1/2 pièces par livre d'argent fin de 500 grammes.

Le *real*, monnaie réelle valant fr. 0,26, et se divisant en 100 centenos.

On se sert couramment en Espagne de notre pièce de fr. 5 au change de 19 réaux, et on a commencé à frapper des pièces d'argent de 5, de 2 et de 1 *peseto* au même titre et du même poids que nos pièces de 5, de 2 et de 1 franc.

Mexico. — La *piastre* ou *peso*, monnaie réelle valant fr. 5,42, se subdivise en 8 reales (réaux) ou 100 cents.

Montévideo. — La *piastre nationale* ou *peso nacional*, monnaie fictive valant 5,36. Elle se divise en 8 réaux ou en 100 centesimos.

New-York. — Le *dollar* d'or, monnaie réelle valant fr. 5,18; il se divise en 100 cents.

Saint-Pétersbourg. — Le *rouble argent*, monnaie réelle valant fr. 4 et se divisant en 100 kopecks.

L'ancienne monnaie de compte, le *rouble papier*, qui valait légalement les 2/7 du rouble argent, c'est-à-dire environ fr. 1,14, est aboli.

Rio-Janeiro. — Comme dans tout le Brésil, on compte à Rio par 1000 *reis* valant 2,60; ou par *contos de reis* (millions de reis) valant fr. 2600.

Stockholm. — Le *riksdaler* (à 100 *œre*) valant fr. 1,417.

Valparaiso et Santiago. — La *piastre* ou *peso* valant fr. 5 et se divisant en 100 *centavos*.

Vienne. — Le *florin* ou *gulden* au pied 45 fl[45] ([1]), monnaie réelle valant fr. 2,47 et se divisant en 100 neukreuzers.

La Suisse, l'Italie, la Belgique, la Grèce ont la même monnaie de compte que la France. ([2])

PROBLÈMES SUR LES MONNAIES DE COMPTES.

I. Combien 525 Thalers de Prusse 25 Silbergroschen valent-ils de livres sterling?

Le Thaler valant 3,71, 525 Thalers valent 525 fois 3,71 ou

$$1947,75$$

Le Thaler valant 30 Silbergroschen, 25 Silbergroschen vaudront $\frac{25}{30}$ de 3,71 ou fr.

$$3,09$$

Ensemble $\qquad$ 1950,84

([1]) C'est-à-dire à la taille de 45 florins dans une livre d'argent fin du poids de 500 grammes.

([2]) Voir pour plus amples renseignements : *Monnaies, Poids, Mesures et Usages commerciaux de tous les États du monde.* 1 vol. in-8°, 6 fr. Hachette et Cie.

La livre sterling valant fr. 25,21, autant de fois 25,21 seront contenus dans fr. 1950,84, autant de livres sterling il faudra pour valoir autant que 525 Thalers 25 Silbergroschen.

$$
\begin{array}{r|l}
195084 & 2521 \\
18614 & \text{£ 77 7 sh 8 d} \\
967 & \\
\times \quad 20 & \\
\hline
= 19340 \text{ sh.} & \\
1693 & \\
\times \quad 12 & \\
\hline
3386 & \\
1693 & \\
\hline
= 20316 \text{ pence} & \\
148 &
\end{array}
$$

ce qui donne 77 livres sterling plus un reste de 967. Ce reste, converti en shillings et divisé par 2521, donne 7 shillings au quotient et un nouveau reste de 1693, qui, converti en pence et divisé aussi par 2521, complète le quotient.

La réponse est donc : 77 £ 7 sh 8 d.

II. Combien 100 Florins ou Gulden d'Autriche 95 Neukreuzers valent-ils de Thalers de Prusse ?

Le Florin d'Autriche valant fr. 2,47, le Neukreuzer étant la 100ᵉ partie du Florin, 100 Fl. 95 Nkr vaudront 2,47 × 100,95 = 249,3465, qui, divisés par 3,71, prix du Thaler de Prusse, donneront le nombre de Thalers équivalant à 100 Florins d'Autriche 95 Neukreuzers. Le reste, s'il y en a un, multiplié par 30 et divisé par 3,71, donnerait les Silbergroschen.

$$
\begin{array}{r|l}
100,95 & 24935 \quad | \quad 371 \\
\times \ 2,47 & 2675 \quad | \quad \text{Þ 67 6} \\
\hline
7\ 0665 & 78 \\
40\ 380 & \times \ 30 \\
201\ 90 & \hline \\
\hline & 2340 \\
249,3465 & 114
\end{array}
$$

Réponse: 67 Þ 6 Silbergroschen.

Remarquons ici que la subdivision du Florin en 100 Neukreuzers nous a permis d'appliquer la règle de la multiplication des nombres décimaux et d'opérer comme si nous agissions sur francs et centimes.

Le problème suivant va nous fournir un exemple dans lequel la division se fera comme s'il s'agissait de monnaies françaises, c'est-à-dire en appliquant la règle relative à la division des nombres décimaux.

III. Combien £ 45 10 sh 6 d valent-ils de roubles de Russie ?

45 £ valent 45 fois fr. 25,21, soit fr. 1134,45

10 shillings valent $\frac{10}{20}$ ou $\frac{1}{2}$ de 25,21 =   12,60

6 pence valent $\frac{25,21 \times 6}{20 \times 12}$ ou $\frac{25,21}{20 \times 2}$ =   0,63

Total fr. $\overline{1147,68}$

Le rouble de Russie valant 4 fr. et se subdivisant en 100 kopecks, autant de fois 4 sera contenu dans 1147 fr., autant de roubles équivaudront à 1147 fr.; le reste, s'il y en a un, augmenté des 85 c. divisé par 4, nous donnera le chiffre de kopecks correspondant.

$$
\begin{array}{r|l}
1147,68 & 4 \\ \cline{2-2}
34 & \overline{286 \text{ roubles } 92 \text{ kopecks.}} \\
27 & \\
3\ 6 & \\
8 & \\
0 & \\
\end{array}
$$

IV. Exprimer en livres sterling, shillings, pence, l'excès de 3005 Marks banco 15 Schillinge sur 400 dollars des Etats-Unis.

3005 B° ℳ   valent 3005 fois 1,88 = fr. 5649,40

15 Schillinge valent $\frac{1,88 \times 15}{16}$ =   1,76

Total 5651,15

d'où il faut retrancher 400 dollars à fr. 5,18, soit   2072

Reste fr. $\overline{3579,15}$

et fr. 3579,15 divisés par fr. 25,21, valeur de la livre sterling, donnent £ 141 19 sh 5 d.

ARITH. COMM.   3

```
357915 | 2521      .
 10581 | ‾‾‾‾‾‾‾‾‾‾‾‾‾‾‾‾
  4975   141 £ 19 sh 5 d
  2454
  × 20
 ‾‾‾‾‾
 49080
 23870
  1191
  × 12
 ‾‾‾‾‾
  2382
  1191
 ‾‾‾‾‾
 14292
  1687
```

EXERCICES SUR LES MONNAIES DE COMPTES.

56. Combien 240 Gulden d'Autriche 60 Neukreuzers valent-ils de Thalers de Prusse ?

Réponse. 160 Thalers 5.

57. Exprimer en livres sterling, Marks banco et dollars des Etats-Unis la valeur d'un million de francs.

Réponse : En livres sterlings 39666 15 sh 11 pence.
En Marks banco 531914 14 Sch.
En dollars   193050 19 cents.

58. Combien 140 Marks banco 10 Schillinge valent-ils de livres sterling, de dollars des Etats-Unis, de roubles argent de Russie ?

Réponse : £   10   9 sh 8 d.
Dollars 51 03.
Roubles 66 09.

59. Exprimer en livres sterlings la valeur totale des objets suivants achetés à la foire de Leipzig :

1500 peaux de renard à 1 Thaler 25 Silbergroschen.
850 peaux de martre à 7 1/2 ℳ.
2850 peaux de chat noir à 1 ℳ 20 Sbg.

LIVRE II

ARITHMÉTIQUE COMMERCIALE

RÈGLE DE TROIS SIMPLE.

Les règles de trois sont la base de l'arithmétique commerciale. Parmi les problèmes posés dans ce cours, il en est fort peu dont la solution n'exige pas l'emploi de la *règle de trois simple* ou de la *règle de trois composée*. La règle de trois simple surtout trouve de nombreuses applications dans les calculs qui se présentent le plus couramment dans la pratique des affaires, ainsi qu'on va en juger par les exemples suivants.

EXEMPLES.

I. On accorde 3 % d'escompte sur une facture s'élevant à fr. 345,25. Combien reste-t-il à recevoir?

Solution : Sur fr. 100 on accorde fr. 3 d'escompte,

Sur fr. 1 on accorde 100 fois moins ou $\dfrac{3}{100}$,

Sur fr. 345,25 on accorde 345,25 fois plus

ou $\dfrac{3 \times 345,25}{100} = 10,35$.

On recevra donc fr. 345,25 — 10,35 = 334,90.

Le mot *escompte* veut dire *hors du compte*.

L'escompte est un bénéfice que l'on réalise par suite de *prompt paiement*, par anticipation sur le terme d'usage.

Dans un problème d'escompte, il s'agit donc de défalquer, de diminuer d'une somme connue une certaine somme inconnue.

L'*escompte* est encore une opération de banque qui consiste à faire l'avance de la valeur d'un effet de commerce moyennant une retenue qui constitue le bénéfice de l'*escompteur*-banquier. Cette retenue est improprement nommée l'escompte; le terme propre est *agio*.

II. A combien s'élève l'assurance maritime de 2 1/4 $\%$ sur fr. 1400 de marchandises?

Pour 100 fr. de marchandises on paie fr. 2,25,

pour 1 fr. on paiera 100 fr. moins ou $\frac{2,25}{100}$,

et pour fr. 1400, 1400 fois plus ou $\frac{2,25 \times 1400}{100} = 31,50$.

On appelle *assurance* un contrat par lequel le propriétaire d'un vaisseau, d'une propriété, d'une marchandise, se garantit contre les risques de mer ou de terre, perte ou avarie des objets assurés.

Ce contrat s'appelle *police d'assurance*.

L'*assureur* s'engage, moyennant un prix convenu appelé *prime*, à rembourser à l'*assuré* le montant des pertes que celui-ci pourra éprouver sur l'objet qui a motivé l'assurance.

L'assurance, qu'il s'agisse d'assurances maritimes ou d'assurances terrestres, contre l'incendie ou autres sinistres, doit être considérée comme une institution de prévoyance, à laquelle il pourrait devenir fatal de vouloir se soustraire par une économie mal entendue.

C'est par la multiplicité des contrats et le chiffre considérable des primes touchées que les assurances peuvent courir les risques énormes qu'ils garantissent. Suivant toute probabilité, les sinistres ne peuvent jamais atteindre qu'une infime portion des objets assurés. Mais, entre un million d'assurés, quel est celui qui pourrait se dire à l'abri du risque? De là la nécessité de l'assurance.

III. Combien devra-t-on payer pour camionnage et engerbage de 22 sacs de café pesant ensemble 1640 kilos à raison de 0,20 les 100 kilos?

Solution : Pour 100^k on paie 0,20,

pour 1640^k x,

d'où $x = \dfrac{0,20 \times 1640}{100} = $ fr. 3,28.

L'engerbage est l'action d'engerber les blés qui sont en javelles. C'est par extension qu'on le dit à propos de sacs de café, de tonneaux de vin, que l'on entasse les uns sur les autres.

IV. Calculer les *droits de douane* de 1600 barriques de sucre dont le *poids brut* est de 104 000 kilos, à raison de fr. 53 pour 100 kilos, avec bonification de 4 % de *tare*.

Solution : Calculons d'abord la tare, afin d'obtenir le poids net.

Sur 100^k la tare est de 4^k,

sur 104 000^k x,

d'où $x = \dfrac{4 \times 104000}{100} = 4160$ kilos.

Le poids net est donc 104 000 — 4160 = 99 840 kilos, qui seuls supportent les droits de douane de fr. 53 %,

soit pour 99840 $\dfrac{53 \times 99840}{100} = 52915,20.$

Les *droits de douane*, qu'il ne faut pas confondre avec les *droits d'octroi* perçus à l'entrée des villes par les municipalités, sont dès taxes au profit du fisc, votées par le corps législatif, et perçues sur les marchandises à l'entrée et à la sortie d'un Etat.

Les droits de douane constituent donc des ressources financières considérables pour les Etats.

Au point de vue économique, ils ont encore pour but, selon les *protectionnistes*, de favoriser l'industrie nationale en entravant l'introduction de marchandises étrangères, en interdisant l'exportation de certaines matières premières et même de certains produits et en favorisant certaines exportations au moyen de primes. De là le nom de protection donné à un système qui, en définitif, grève la marchandise et apporte trop souvent une contrainte à l'industrie. En opposition aux *protectionnistes*, il y a les *libre-échangistes*. Le *libre-échange* tend à abolir les frontières de toutes les nations, qui échangeraient ainsi leurs produits librement sans entraves fiscales. Au point de vue du consommateur, le libre-échange semble le progrès promis à l'avenir.

Poids brut ou poids ort se dit par opposition à *poids net* et s'entend du poids d'une marchandise y compris celui du fût, de la caisse, du sac, ou de l'emballage quel qu'il soit.

La différence entre le poids brut et le poids net s'appelle *tare*.

La *tare* est donc le poids de la futaille, de la caisse, du sac, de l'objet quel qu'il soit qui sert à contenir une marchandise.

Par extension on donne encore le nom de *tare* au *déchet* que subit une marchandise, soit dans le poids, soit dans la qualité.

Les douanes ne pouvant vérifier la *tare* exacte des colis sur lesquels elles ont un droit à percevoir, ont établi des taxes fixes de tant pour cent par catégorie de marchandises.

Dans leur évaluation elles ont eu égard non-seulement au poids que doit représenter l'emballage, mais encore au déchet naturel que la marchandise est appelée à subir durant son séjour en magasin. Cependant le commerce conserve la faculté de demander que la liquidation des droits soit faite sur le poids net réel, qu'il a le soin d'indiquer dans sa déclaration primitive en douane.

V. A combien s'élève le *courtage* de vente de 1/4 °/₀ sur 113 400 francs ?

Il s'élève à 1/4 de 1134 , puisque 113 400 fr. contiennent 1134 fois 100 fr. Le 1/4 de 1134=283,50.

Par *courtage* il faut entendre la prime de tant pour cent perçue, le bénéfice, le salaire que touche le courtier pour son intervention entre l'acheteur et le vendeur.

Par extension on donne le nom de *courtage* à toute commission payée à l'intermédiaire dans une affaire.

VI. Le *fret* sur 10 tonneaux de vins expédiés à Montevideo est de 10 piastres par tonneau, plus 10 °/₀ sur cette somme ; à combien s'élève-t-il ?

Réponse : A 10 fois 10 ou 100+$\frac{1}{10}$ de 100, c'est-à-dire 110 $ (piastres).

Le *fret* ou *nolis* est le coût du transport des marchandises par mer ; dans tous les ports de l'Océan, on dit le *fret* ; dans la Méditerranée, on dit le *nolis*.

VII. L'or faisant 2 %, *de prime*, quel serait en papier à vue l'équivalent de 400 piastres en or ?

On résoudra le problème sans se préoccuper de la valeur de la piastre, et on dira que la valeur du papier à vue doit être égale à 400 piastres $+ \frac{2}{100}$ de 400, soit $\frac{40}{5} = 8$.

Le papier à vue devra donc être de $400 + 8 = 408$ $.

Dire que l'or fait 2 %, *de prime*, c'est dire que fr. 100 d'or monnayé valent fr. 102.

VIII. Quel est le *net produit* d'un compte de vente s'élevant à fr. 5640, la commission de vente et le *ducroire* réunis étant de 5 % ?

Il s'élève à $5640 - 56,40 \times 5$ ou $5640 - 282 = 5358$.

Par *net produit* il faut entendre le produit de la marchandise, défalcation faite de tous les frais quelconques auxquels la marchandise a pu donner lieu.

Le *ducroire*, c'est la prime accordée à un commissionnaire qui se rend garant de la solvabilité de l'acheteur. On dit à propos du commissionnaire il est *ducroire*, pour il est responsable pécuniairement parlant.

Les comptes de vente s'établissent par les commissionnaires, les courtiers, les consignataires, par ceux enfin qui ont reçu d'un tiers une marchandise, avec mandat d'en rechercher la vente.

IX. A combien reviennent 1377 kilos de cacao à fr. 124 les 100 kilos ? A 1377 fois $1,24 = $ fr. 1707,48.

X. Combien doit-on revendre un lot de marchandises s'élevant à fr. 1440 pour gagner 15 % sur le *prix d'achat* ?

Dire que l'on veut gagner 15 % sur le prix d'achat, c'est dire que ce qui a coûté fr. 100 doit être revendu fr. $100 + 15 = $ fr. 115 ;

d'où fr. 100   doivent être vendus fr. 115,
     1440 x,

d'où $x = \frac{115 + 1440}{100} = $ fr. 1656.

Le *prix d'achat*, qu'il ne faut pas confondre avec la valeur, s'entend en général du prix consenti au vendeur.

Le *prix de revient* se compose du prix d'achat augmenté de l'intérêt et de tous les frais, transport, main-d'œuvre, déchet, auxquels une marchandise a pu donner lieu.

Enfin le *prix de vente* doit être basé sur le prix de revient augmenté d'un tant pour cent de bénéfice. Ce chiffre varie selon la nature du commerce, l'importance des frais généraux qu'il faut couvrir ; tandis que certains commerces peuvent ne prélever que 2 %, les autres en comptent 15, 20, 30. Certains commerces de détail doivent gagner jusqu'à 100 % pour pouvoir exister.

XI. Combien faudrait-il vendre fr. 1440 de marchandises pour gagner 15 % sur le prix de vente ?

Dire que l'on veut gagner 15 % sur le prix de vente, c'est dire qu'une vente de fr. 100 doit produire fr. 15 de bénéfice ; en conséquence, c'est fr. 100—15 ou fr. 85 qui rapportent fr. 15. Donc ce que l'on achète

$$\text{fr. } 85 \quad \text{doit être vendu 100 fr.,}$$
$$1440 \quad\quad\quad x,$$

d'où $x = \dfrac{100 \times 1440}{85} = $ fr. 1694,11 sh.

XII. A une facture anglaise s'élevant à £ 137 12 sh 11 d ajouter 1/2 % de commission. La commission sera égale à £ $\dfrac{137.12.11}{100 \times 2}$.

Réponse : £ 138 6 sh 8 d.

XIII. Escompter à 4 % une facture anglaise s'élevant à £ 252 12 sh 6 pence ; exprimer en francs l'escompte obtenu.

L'escompte $= 4 \times \dfrac{£ 252\ 12\ \text{sh}\ 6\,\text{d}}{100} = £ 10\ 2$ sh 1 d $\dfrac{1}{5}$, qu'il faut retrancher de £ 252 12 sh 6 d pour savoir ce qu'il reste à payer $= £ 242\ 10$ sh 4 d $\dfrac{4}{5}$.

OPÉRATIONS.

	£	sh	d	sh	d
100)	1010	10	0	(£ 10 2 1 $\frac{1}{5}$

£ 252 12 6
4

£ 1010 10 0

£ 1010 10 0   100)   1010   10   0   (£ 10 2 1 $\frac{1}{5}$
— 1000   210   120
10   — 200   — 100
× 20   10   20
200   × 12
120

£	252	12 sh	6 d
— 10		2	1 $\frac{1}{5}$
Reste £ 242		10	4 $\frac{4}{5}$

La livre sterling valant au pair fr. 25,21

10 livres vaudront 10 fois fr. 25,21 = fr. 252,10

2 shillings » $\frac{2}{20}$ ou $\frac{1}{10}$ de fr. 25,21 = 2,52

1 penny » $\frac{1}{24}$ de fr. 2,52 = 10

$\frac{1}{5}$ de — » $\frac{1}{5}$ de fr. 0,10 = 0,02

total fr. 254,74

EXERCICES SUR LA RÈGLE DE TROIS SIMPLE.

60. Quelle est la valeur d'une marchandise achetée 140 Thalers qui a subi une dépréciation de 10 % et une baisse de 15 % ?

Réponse : 107 ⯀ 3 Sgr.

61. Escompter à 5 $\frac{1}{2}$ % une facture de 250 ⯀ 20 Sgr.

Réponse : 236 ⯀ 26 $\frac{1}{2}$ Sgr.

62. Pour un achat de 340 ℳ 25 Sgr on paie $\frac{3}{4}$ % de courtage. A combien revient la marchandise ?

Réponse : 343 ℳ 11 $\frac{1}{2}$ Sgr.

63. Combien faudrait-il revendre cette même marchandise pour gagner 6 % sur le prix d'achat, courtage compris ?

Réponse : 363 ℳ 29 1/2 Sgr.

64. Combien faudrait-il la vendre pour gagner 6 % sur le prix de vente, courtage compris ?

Réponse : 365 ℳ 9 Sgr.

65. D'une vente se montant à £ 254 5 sh. il faut déduire 1 $\frac{1}{2}$ % de commission. Combien reste-t-il à recevoir ?

Réponse : £ 250 — 9 sh — 9 d.

66. La livre d'argent fin valant à Leipzig 30 Thalers et à Vienne 45 Gulden, combien 150 Gulden d'Autriche valent-ils de Thalers de Leipzig ?

Réponse : 100 ℳ.

67. Ajouter 1/2 % de commission à une facture anglaise s'élevant à £ 137 12 sh 11 d.

Réponse : £ 138 6 sh 8 d.

68. Quel est le prix de 25 cwt 3 qrs 26 lbs d'ivoire à £ 40. 15 sh le cwt ?

Réponse : £ 1058 15 sh 5 d.

69. Sur un poids de 150 cwt 3 qrs 6 lbs, on accorde 3 % de tare ; déterminer le poids net.

Réponse : 146 cwt 1 qr 4 lbs.

70. Escompter à 3 % une facture s'élevant à £ 40 15 sh 6 d.

Réponse : £ 39 11 sh 1 d.

APPLICATIONS COMMERCIALES DE LA RÈGLE DE TROIS SIMPLE.

L'élève vérifiera ou complétera les comptes suivants et remplacera chaque x par le chiffre dont ce signe tient la place.

71. *Facture.*

Bordeaux, 15 avril 1873.

Doit M. Lemmens, de Paris, à M. Cruce, de Bordeaux,
les marchandises détaillées ci-après :

expédiées par

conformément à

payables dans Bordeaux à   mois de terme ou au comptant sous escompte de 2 $^0/_0$. (Dans ce dernier cas, prévenir dès réception de la présente. (a)

4	Barriques de vin, le tonneau (¹) à fr.	265	xxx	
2	do	do	380	xxx	
3	do	do	395	xxx	xx
6	do	do	400	xxx	
				xxxx	xx·
	A déduire escompte de 2 $^0/_0$			xx	xx
				xxxx	xx
	Camionnage................			4	60
	Droits d'octroi, à raison de fr. 60				
	le tonneau			xxx	
				155x	xx

(a) On groupe ainsi dans l'en-tête de la facture le plus de renseignements possibles. Il est surtout important de fixer le terme de vente et de spécifier que la marchandise est payable au lieu de résidence du vendeur. Bien qu'en fait on n'observe pas cette convention et que d'usage le vendeur se rembourse par une traite sur son acheteur, il n'en est pas moins utile de faire cette réserve, parce qu'en cas de contestation ou de poursuites judiciaires, l'acheteur devient justiciable du tribunal du vendeur. On comprend

---

(¹) Le tonneau contient quatre barriques.

l'avantage qu'il y a pour ce dernier à assigner devant le tribunal de sa juridiction, d'y être assisté de ses conseils ordinaires, plutôt que d'être obligé à aller soutenir ses droits au loin.

72. *Compte de Frais* à 40 fûts de vin du Midi, chargés par les soussignés dans le vapeur hollandais en *transit*, à l'adresse de Messieurs Van Baum et Cⁱᵉ, de Rotterdam, pour compte, risques et d'ordre de Monsieur Ruyter, de Dordrecht.

RC 1/10	40	Demi-muids vin rouge encombrant 25 T 3/10. D'envoi de MM. Romain et Gelani, de Cette (à notre adresse), en gare du chemin du Midi.					
		FRAJS.					
		Montant de la lettre de voiture ...	753	»			
		Pour 2 voyages en gare et livraison	17	»			
		Camionnage et port au quai......	64	50			
		Grue d'embarquement, 1 fr. par T.	xx	xx			
		Courtage maritime, 2 fr. par T ...	xx	xx			
		Lettres de Cette et de Hollande...	1	60			
		Permis, connaissement, faux-frais	5	70			
		Réparation sur le quai à 11 fûts...	22	»	xxx	xx	
		Intérêts 1/2 % sur nos débours....	.....	...	x	7x	
		Timbre de n/ traite à 1 mois de date	.....	....	1		
		Commission de transit surveillance 2 fr. par T...................	....	....	xx	xx	
					996	»	

Valeur en n/ traite sur MM. Van Baum et Cⁱᵉ, de Rotterdam, d'ordre exprès de MM. Ruyter et Cⁱᵉ.

Bordeaux, 17 novembre 1873.

A. H. Monne et Cⁱᵉ.

S. E. ou O (¹).

Lorsqu'une marchandise doit, de son lieu de départ au lieu d'arrivée, subir différents modes de transport, il est d'usage d'employer aux lieux intermédiaires l'intervention de commissionnaires-réexpéditeurs, entrepositaires qui, moyennant un courtage, se chargent de la réception et de la réexpédition des marchandises, et encore de toutes les formalités en douane, lorsque les marchandises doivent passer la frontière.

(¹) Lisez : Sauf erreur ou omission.

C'est ainsi que MM. Romain et Gelani, de Cette, au lieu d'adresser directement leur envoi à M. Ruyter de Dordrecht, le lui font parvenir par l'intermédiaire de M. M. A. H. Mortie et C^io de Bordeaux et encore de M. M. Van Baum et Cie de Rotterdam, Bordeaux se trouvant le point intermédiaire entre le chemin de fer du Midi et le port d'embarquement ; Rotterdam, port de débarquement, nouveau point intermédiaire entre la voie de mer et la voie de terre jusqu'à Dordrecht.

Ces sortes d'expéditions sont dites en *transit* : transit veut dire passage. En termes de douane on appelle *transit* la faculté accordée à certaines marchandises étrangères de traverser un pays sans payer de droits. On comprend l'avantage qu'il en peut résulter pour le commerce qui veut réexporter une marchandise. Ainsi, dans l'espèce, M. Ruyter, en recommandant à son correspondant de Rotterdam la réexpédition en transit, se réserve d'acquitter lui-même les droits à l'arrivée, ou de réexpédier ses vins en pays étranger sans qu'ils aient supporté les droits de douane.

Lorsqu'on veut faire voyager une marchandise en transit, on en fait la déclaration au bureau de la douane, qui vous délivre un acquit-à-caution ou un passavant, qui doit suivre partout la marchandise, dont il constate l'identité, de façon que la marchandise puisse être reconnue au bureau de sortie, et l'expéditeur dégagé de toute responsabilité envers la douane. Ce passavant fixe le délai dans lequel la marchandise doit être représentée au bureau d'arrivée.

Le fret du transport par mer se fixe à la tonne. Le poids du tonneau de fret ou d'affrètement est essentiellement variable, suivant que les marchandises sont plus ou moins encombrantes ; il oscille entre 150 et 1000 kilogrammes. On cube les marchandises, et suivant la catégorie dans laquelle elles se trouvent placées, leur volume leur assigne un poids conventionnel; d'où cette expression *encombrant* 25 T 3/10.

Une *grue* est une sorte de treuil. Mais, tandis que le treuil élève ou descend verticalement un fardeau, la grue peut encore le déplacer latéralement, le diriger de droite de gauche.

Des grues sont installées de distance en distance sur les quais des rivières et des ports de mer par les soins de l'administration pour le chargement et le déchargement des navires.

73. *Compte de vente et net produit* à 22 sacs de cacao importés de Guayaquil voie de Saint-Nazaire d'envoi pour compte et risques de MM. Valverdès Hermanos ; vendus en entrepôt par l'entremise de M. Vergne, courtier.

A H	22	Sacs cacao, produit brut 1409k50.				
		Tare à déduire :				
		1 sac....... 1k				
		21 sacs à 1k50 31k5 } 32k50				
		Net........ 1377k à fr. 124 %/o k.			xxxx	xx
		A réduire escompte 3 %/o			xx	xx
					16xx	xx
		FRAIS A DÉDUIRE.				
		Fret par vapeur français à fr. 241,25 les 1000k plus 2 fr. par 100k sur 1482 kg.....................	xxx	xx		
		Débarquemt et mise sur charrettes.	3	30		
		Camionnage du quai à l'entrepôt..	3	30		
		Assurance sur fr. 1400 et 2 1/4 %/o plus 1 fr. pour police........	xx	xx		
		Permis de débarquement et frais..	1	»		
		Réception et engerbage à 0,20 les 100k sur 1482 kg.............	x	xx		
		Vidé en queue les 22 sacs à 0,15 l'un	x	xx		
		Réparé 10 sacs à 0,10 l'un...	x			
		Magasinage du 30 novembre au 30 avril, soit 5 mois à 0,16 les 100k par mois sur 1412........	xx	xx		
		Poids public, entrée et sortie	»	60		
		Livraison....	1	50		
		Intérêts de nos débours...........	15	10		
		Lettres et menus frais.............	1	50		
		Commission 3 %/o sur 1656,25. ...	xx	xx	xxx	xx
		Net produit........			11xx	xx

Valeur 4 juillet 1873.

Bordeaux, 5 avril 1873.

A. H. Mortie et Cie.

S. E. ou O.

Les calculs auxquels ce compte peut donner lieu n'offrant aucune difficulté, nous nous bornerons à faire remarquer qu'après avoir calculé le fret à raison de fr. 241,25 pour 1000 kg. sur 1482 kg., il faudra ajouter à la somme obtenue fr. 2 par 100 kg.

74. *Compte d'achat* à Pernambuco d'un grenier bois de Fernambourg.

Un grenier de bois de Fernambourg pesant

500 quintaux à Rˢ 5 ⨎ 000 par quintal (¹)   Rˢ 2:500 ⨎ 000

FRAIS

Pesage, transport et frais	45 ⨎ 000	
Timbres de traite	2 ⨎ 400	47 ⨎ 400
		Rˢ 2:547 ⨎ 400
Courtage d'achat	1/2 %	
Commission d'achat	5 %	
Ensemble 5 1/2 % sur Rˢ 2:547 ⨎ 400	Rˢ	140 ⨎ 105
		Rˢ 2:687 ⨎ 505
Courtage de négociatⁿ 1/4 % sur Rˢ 2:687 ⨎ 505		6 ⨎ 720
		Rˢ 2:694 ⨎ 225

Remboursement à Paris à 90 jours au change
   de Rˢ 395 pour Fr. 1   Fr. 6820,85

L'élève calculera à combien reviendrait au Havre ce grenier de bois, en admettant que les frais à Pernambuco pour remboursements et droits de sortie s'élèvent à 522 ⨎ 820; et les frais au Havre à fr. 2224,22, auxquels il faut ajouter

pour perte d'intérêts.	1/2 %.
pour commission de banque	1/4 %
pour courtage de vente	1/4 %
pour escompte à la vente	2 %
pour commission de vente.	2 %
Ensemble . . .	5 % sur fr. 10930,85.

(¹) La monnaie employée ici est le Reis Rˢ. On sépare les mille reis par ⨎ et les millions de reis par : .

75. *Compte de Vente* à 205 sacs et 17 barriques sucre, consignés par M. Paul, à Bordeaux, chez M. Pierre, à Londres.

205 sacs 17 barriques sucre.				£	sh	d	£	sh	d
	cwt	qrs	lbs						
125 sacs net 143	3	23 à 27 sh le cwt					198	7	9
29	34	3	3	29 sh				xx	x	x
21	25	1	0	28 sh 6 d (1)				xx	x	x
9	10	2	24	27 sh 6 d				xx	xx	x
6	7	0	4	26 sh 6 d				x	x	x
7	8	1	5	28 sh 6 d				xx	xx	x
8	9	2	15	27 sh				xx		x
205	242	2	18					xxx	xx	x
10 b/ques 112	3	6 à 29 sh		xxx	xx	x			
9	76	2	1	28 sh		xxx	x	x	xxx	xx	x
17 b/ques xxx x x		Total..		....	....	...	xxx	x	x
Droits à soustraire.				....	....	...	102	11	8
FRAIS A RETRANCHER.							xxx	xx	x
Assurances maritimes faites à Bordeaux				»	3	6			
Entrée en douane...............									
Fret....				56	3	2			
Intérêts sur droits et fret.........				3	17	6			
Débarquement, magasinage				10	»	»			
Tarer les barriques.				»	19	6			
Extra-magasinage				7	9	7			
Catalogue, frais de vente publique				1	10	»			
Assurance contre le feu				4	7	6			
Courtage 1/2 % sur £ 604 7 sh 1 d.....				x	x	x			
Commission 2 % sur do				xx	x	x	xx	xx	x
							£4xx	x	x

CALCULS A EFFECTUER.

1° Trouver le prix de :

146 quintaux 3 quarts 27 livres à 27 sh.

34   3   3 livres   29 sh. etc. etc.

Le total de ces sommes doit produire £ 6xx. x. x.

_____

(1) On sépare souvent les shillings des pence par une barre transversale. C'est ainsi que 28 sh 6 d s'écrivent 28/6.

Comme exemple du travail à faire nous allons chercher le prix de 146 cwt 3 qrs 27 lbs à 27 sh le cwt.

$$146 \text{ cwt à } 27 \text{ sh} \qquad = 27 \text{ sh} \times 146 = 3942 \text{ sh}$$

$$3 \text{ qrs à } 27 \text{ sh le cwt} = \frac{27 \times 3}{4} \qquad = \qquad 20 \text{ sh } 3 \text{ d}$$

$$27 \text{ lbs à } 27 \text{ sh le cwt} = \frac{27 \times 27}{4 \times 28} \qquad = \qquad 5 \text{ sh } 6$$

$$\text{Total} \qquad 3967 \text{ sh } 9 \text{ d.}$$

ou, comme nous l'avons indiqué sur le compte, £ 198 7 9.

Puis le prix de 34 quintaux 3 quaters 3 livres, à 29 shillings le quintal.

Nous pourrions, comme dans l'exemple précédent, chercher d'abord le prix de 3 livres à 29 sh le cwt, puis celui de 3 qrs, et enfin le prix de 3 lbs; mais il y a ici avantage, au point de vue de la rapidité des calculs, à réduire en livres les quintaux et les quarts et à chercher le prix de ces livres à raison de 29 sh le cwt de 112 lbs.

34 cwt = 34 fois 4 qrs ou 136 qrs + 3 = 139 qrs de chacun 28 lbs, ensemble 3872 lbs + 3 = 3895 lbs à 29 sh le cwt de 112 lbs ou

$$\frac{29 \text{ sh} \times 3895}{112} = 1008 \text{ sh } 6 \text{ d,}$$

ou, en divisant les shillings par 20 pour en extraire les livres sterling,

$$£ \ 50 \ 8 \text{ sh } 6.$$

2° Le courtage et la commission donnent lieu aux calculs suivants, que l'élève aura à effectuer:

$$\frac{£ \ 604 \ 7 \text{ sh } 1}{100 \times 2} \qquad \frac{£ \ 604 \ 7 \text{ sh } 1 \times 2}{100}$$

76. *Compte d'Achat et de Revient* (¹) à 15410 sacs de riz expédiés de Saïgon à Brême.

11060 sacs, 11060 piculs.			
4350 d° 2399			
15410 d° 13459 piculs à $ 1 , 20 le picul.	$ 16150	80	
FRAIS A SAIGON			
Surveillance à la réception et à l'embarque-			
ment. Loyer pour ventilateur. $	134	59	
Perte d'intérêt sur avances 1 %/₀ sur $ 8075.40			
(moitié du montant de la valeur des riz.)	xx	x5	
Commission sur avances 2 1/2 %/₀ sur $			
8075.40.	xxx	88	
500 nattes pour garniture à 16 $ les 100 nattes.	xx		497	22
	$	166xx	xx
Commission d'achat 2 1/2 %/₀ sur $ 16648.02.		xxx	xx
id. de remb^t. 1 %/₀ sur $ 17236.59.		xxx	37
		172xx	x9
Remb^t. sur Londres à 6 mois de vue à 4 sh			sh d
6 d pour 1 $.	£	38xx	4 8
Couvert de Brême à raison de 615 ₥ pour			
100 £.	₥	238xx	10
FRAIS A BRÊME			

Fret $\frac{brut.\ ₥\ 1585900}{tare\ nette\ 24656}$ net ₥ 1561244 à £ 4 par

2032 ₥ = £ 30xx . 6 . 3 . à convertir en			
₥ à raison de 615 ₥ pour 100 £ ₥	18xxx	62	
Réception du bord à Bremerhaven et réex-			
pédition.	528	48	
Réception à Brême et livraison au quai.			
Frais d'allèges du port à la ville ₥ 1 2/3 par			
4000 ₥ sur 1586000.	6xx	60	
Assurance maritime 3 3/4 %/₀ sur ₥ 26236.18	x83	62	
Commission de banque à Londres 1 %/₀ sur			
₥ 26236.18.	2xx	26	
Droits de ville 1/2 %/₀.			
Assurances contre le feu sur le			
quai, timbre et menus frais 1/4 %/₀.			
Escompte terme 6 mois 2 1/2 %/₀.			
Courtage de vente 1/4 %/₀			
Commission de vente et ducroire 2 1/2 %/₀.			
Ensemble 6 %/₀			
sur 48072,30.	28xx	23	242xx	xx
			480xx	3x

(¹) Emprunté , ainsi que les comptes suivants , au *Commerce du Globe*, par H. L. Muller, négociant au Havre. Lemale, éditeur.

Les monnaies employées dans ce compte sont:

1° La Piastre de cent centièmes $. 2° Le Thaler d'or ℳ, Reichsthaler, de 72 Groten. 3° La Livre sterling £, qui vaut 20 shillings de 12 pence.

Les calculs n'offrant quelque difficulté que pour la transformation des piastres en livres sterling et des livres sterling en Thalers, nous nous bornerons à chercher:

1° Ce que valent en livres sterling 17236,59 $, à raison de 4 sh 6 d par $.

2° A exprimer le résultat en Thalers à raison de 615 ℳ pour 100 £.

SOLUTIONS ET CALCULS.

1° $ 17236,59 valant 4 sh 6 d × 17236,59 ou $\frac{4 \text{ sh } 6 (^1) \times 1723659}{100}$
= 77564 sh 8 d ou, en divisant les sh par 20 pour avoir des £ : 3878 £ 4 sh 8 d.

$1723659 \times \frac{1}{2}$ sh = 861828 sh $\frac{1}{2}$
1723659×4 sh = 6894636

$$
\begin{array}{r|l}
7756464 \text{ sh } 6 \text{ d} & 100 \\
- 7756400 & \overline{77564 \text{ sh } 8} \quad | \quad 20 \\
\hline
64 & 175 \quad \overline{£3878\ 4\text{ sh }8\text{ d.}} \\
\times 12 & 156 \\
\hline
128 & 164 \\
64 & 4 \\
\hline
768 & \\
+ 6 & \\
\hline
774 & \\
200 &
\end{array}
$$

2° 100 £ valent 615 ℳ
1 vaut $\frac{615}{100}$ ℳ.

et £ 3878 4 sh 8 d valent $\frac{615 \text{ ℳ} \times £\ 3878\ 4\text{ sh }8\text{ d}}{100}$ ou en réduisant

_____

(¹) Ou 4 1/2 sh.

£ 3878 4 sh 8 d en pence

$$\frac{615\ \text{ᴕ} \times 930\ 776}{100 \times 240} = \text{ᴕ}\ 23\ 851\ .\ 10.$$

Conversion de £ 3878 4 sh. 8 d en pence. On trouve 930776 d ou $\frac{930776}{240}$ de £.

$$
\begin{array}{r}
3878 \\
\times\ 20 \\
\hline
77560\ \text{sh} \\
+\ 4 \\
\hline
77564\ \text{sh} \\
\times\ 12 \\
\hline
155128 \\
77564 \\
\hline
930768\ \text{d} \\
+\ 8 \\
\hline
930776\ \text{d}
\end{array}
$$

Calculs de la formule $\frac{615\ \text{ᴕ} \times 930\ 776}{100 \times 240}$; les fractions de Thaler devront être exprimées en Groten ou 72ᵉ de Thaler.

```
  930776
     615
 ───────
 4653880
  930776
 5584656
 ───────
572427240 │ 24000
   92427  │ ─────────
  204272  │ ᴕ 23851,9 Groten et en forçant, ᴕ 23851,10 Groten.
  122724
   27240
    3240
  × 72 Groten
 ───────
    6480
   22680
 ───────
  233280
   17280
```

77. *Compte d'Achat* à Buenos-Ayres à 1000 cuirs secs de bœufs et vaches.

1000 cuirs secs de bœufs et vaches pesant ℔ 25000 à 40 Rˣ la pesée de 35 ℔.			$ᵃ35xx	3
A $ᵃ 17 pour $ 16.		$	33xx	30
FRAIS.				
Courtage et inspection 1 % sur $ 3361.30.			xx .	xx
Recevoir et peser $ 30 par 100 cuirs. $	3xx			
Poison $ 1 par cuir.	xxxx			
Charrettes $ 50 par 100 cuirs,	xxx			
Alléges Rˣ 6 1/2 par cuir.	8xx			
Timbres et menus frais.	68			
Au change de $ 450 pour $ 16. $	2xxx		95	x9
		$	34xx	20
Droits de sortie, commission d'achat, courtage de négociation.			143	23
		$	3633 .	43
Remboursement sur Paris au change de Fr. 80 l'once ou Fr. 5 la $.			Fr. 18xxx xx	

RENSEIGNEMENTS.

Le poids des cuirs est exprimé en ℔ (livres), soit 25000 ℔ à 40 réaux (Rˣ) ou à 5 $ᵃ (piastres argent) les 35 ℔ = 3xxx $ᵃ 3 réaux à inscrire dans la dernière colonne à droite, et à transformer à la ligne suivante en $ (piastres fortes) à raison de 17 $ᵃ pour 16 $.

Dans le grand commerce la piastre forte se divisant en 100 centesimos, on devra trouver 33xx, 30 centièmes.

A part le courtage, les frais sont comptés en $ (piastres papier) dont le total $ 2680 doit être transformé en piastres fortes au change de 450 $ pour 16 $ = 9x,x9.

On remarquera que les frais d'alléges de 6 1/2 réaux par cuir ou 8500 réaux divisés par 8 font 812 $ en négligeant les fractions.

Le total des débours est exprimé en piastres fortes $, qu'on transformera en francs à raison de 5 fr. la piastre.

Pour mener à bien ce travail, l'élève devra s'attacher à ne pas confondre les piastres argent $ᵃ ou les piastres papier $ avec les piastres fortes $, et remarquer que les premières se divisent en 8 réaux et les autres en 100 centesimos.

78. *Compte d'Achat et de Revient* à 21 dents d'éléphant d'Afrique et du Cap expédiées de Londres au Havre.

	£	sh	d
21 dents d'éléphant d'Afrique et du Cap sans emballage.			
Pesant brut cwt 11 . » . 1 lb.			
Bon poids sur 9 lots » . » . 9 lbs.			
Net cwt 10 . 3 . 20 à £20 par cwt	xxx	xx	5
Escompte 2 1/2 %	x	x	3
	213	x	2

	£	sh	d	£	sh	d
FRAIS A LONDRES.						
Lot Money à 6 d. par lots sur 9 lots.	»	x	6			
Courtage d'achat 1/2 % sur £ 219 . 3 . 4.	1	1	11			
Formalités en douane.	»	8	»			
Frais de Docks.	»	8	2			
Des Dock au Wharf.	»	10	»			
Wharf.	»	7	»			
Transport du Wharf au steamer.	»	12	3			
Connaissements, ports de lettres, menus frais.	»	7	»	3	xx	10
				xxx	1	»
Commission d'achat 2 % sur £ 217.	4	x	9			
Courtage de négociation 2 %oo.	»	8	7	x	xx	5
Valeur au comptant. •			£	221	16	5
Remboursement au change de fr. 25,25. par £.			fr.		5xxx	95

	fr.	c	fr.	c
FRAIS AU HAVRE.				
Fret sur 559 kg. à 12 sh 6 d et 25 % par 1015 kg. et 5 % pour frais de tente à fr. 25,25 par £.	fr. 11	25 [1]		
Permis, frais de débarquement, port en entrepôt, arrimage, magasinage d'un mois, livraison et menus frais.	8	»		
Assurance maritime sur fr. 6160 à 1/4 % et police 1.50.	x6	90		
Assurance contre le feu sur f. 6196 à 1/2 %oo.	x	10		
Perte d'intérêts 1/2 %				
Commissⁿ de banque 1/4 %				
Courtage de vente. 1/4 %				
Escompte à la vente. 2 %				
Commission de vente 2 %				
Ensemble 5 % sur fr. 5937,05 [2]	xxx	85	xx6	10
			Fr. 5937	05

[1] L'élève vérifiera cette réponse et fournira les calculs à l'appui.

[2] Pour la détermination de la somme de 5937,05 sur laquelle on doit calculer ces 5 %, voir le renvoi (2) du compte suivant.

RENSEIGNEMENTS ET CALCULS.

Les prix sont exprimés en livres sterling (£) valant 20 shillings (sh) de 12 pence (d) et les poids en quintaux (cwt) valant 4 quarts (qrs) de chacun 28 livres (lbs).

Nous nous bornerons à calculer ici :

1° Le prix de cwt 10 . 3 . 20 . d'ivoire à £ 20 par cwt.
2° Le remboursement de £ 221.11.5 au change de fr. 25,25 par £.
3° L'escompte de 2 1/2 % sur £ 218 11 sh 5 d.

1° Cwt 10 . 3 qrs 20 lbs d'ivoire ou 1224 lbs à raison de £ 20 le cwt de 112 lbs $= £ \frac{20 \times 1224}{112} = £$ 218 11 sh 5 d .

$$
\begin{array}{l}
\quad 1224 \\
\times \ 20 \\
\hline
= £\ 24480 \quad | \quad 112 \\
\quad 0208 \qquad \overline{\ £\ 218\ 11\ \text{sh}\ 5\ \text{d}.} \\
\quad 0960 \\
\quad \ 064 \\
\times \ 20\ \text{sh} \\
\hline
= \text{sh}\ 1280 \\
\quad \ 160 \\
\quad \ \ 48 \\
\times \ 12 \\
\hline
\quad \ \ 96 \\
\quad \ \ 48 \\
\hline
= 576\ \text{d}. \\
\quad \ \ 16
\end{array}
$$

2° Le remboursement

de £ 221 au change de fr. 25,15$= 25,25 \times 221 = 5580,25$

de sh 16   »   » $= \frac{25,25 \times 16}{20} = 20,20$

de d   4   »   » $= \frac{25,25 \times 5}{240} = 0,52$

Ensemble fr. $\overline{5600.97}$

ou en arrondissant les centimes: fr. 5600,95.

3° L'escompte de 2 1/2 % sur £ 218 11 sh 5 d égale

$$\frac{2\ 1/2 \times £\ 218.11.5}{100} = \frac{5 \times £\ 218.11.5}{2 \times 100} = £\ 5.9.3.$$

$$
\begin{array}{r}
£\ 218.11.5 \\
\times\ 5 \\
\hline
£\ 1092.17.1 \\
92 \\
\times\ 20\ \text{sh} \\
\hline
=1840 \\
+17 \\
\hline
1857 \\
57 \\
\times\ 12 \\
\hline
114 \\
57 \\
\hline
=684 \\
+1 \\
\hline
685 \\
85
\end{array}
\qquad
\begin{array}{l}
200 \\
\hline
£\ 5.9.3
\end{array}
$$

Pour déterminer le montant du fret on peut procéder ainsi :

Chercher d'abord le prix de 559 kilogr. à 12 sh 6 d. pour
1015 kg =   6 sh 10 d ;

Puis transformer ces 6 sh 10 d en francs, à raison de fr. 25,25
par £ =   fr. 8,60
somme qu'on augmentera de 25 % soit   2,15

                                        Ensemble   10,75
qu'on augmentera à son tour de 5 % ou de   0,50
                                        Total   11,25

résultat indiqué sur le compte.

79. *Compte d'Achat et de Revient* d'étain Banca (¹) (400 saumons) expédiés d'Amsterdam au Havre.

	f	c.	f	c.
400 saumons étain Banca.				
Poids brut 13212 kg.				
Don 1 °/₀ xxx				
Net 13xx0 à f 75 les 50 kg....	......	....	196xx	
Escompte 2 °/₀......................	......	....	3xx	40
			192xx	xx
Escompte 1 1/2 °/₀ sur 19227 fr.	......	....	2xx	42
FRAIS A AMSTERDAM.			f 189xx	xx
Enregistrement 1 °/₀ sur f 19227.60..... f	1xx	28		
Courtage 1/2 °/₀ sur f 19620	xx	10		
Recevoir, transport, embarquer et menus frais................'............	46	75	xx7	13
			f 19x76	xx
Commission d'achat 1 1/2 °/₀ sur f 19276.31	.....	....	xxx	x4
Frais de change 1 °/₀₀ sur f 19590.........	.....	....	xx	x9
			f 19x85	x4
Remboursement à f 56 pour fr. 120......	......	..Fr	41xxx	93
FRAIS AU HAVRE.				
Fret d'Amsterdam au Havre à 13212 kg, à	Fr	c.		
fr. 12 les 1000 kg. .... Fr.	xx8	x5		
Recevoir, peser, transport, arrimer, un mois de magasinage et livrer...............	66	06		
Assurance maritime 1/4 °/₀ sur 46164,70...	xx5	x1		
do contre le feu 1 °/₀₀ sur 46164,70.	xx	17		
Commission de banque 1/4 °/₀ sur 41967,97.	xxx	92		
Escompte à la vente 2 1/4 °/₀..............				
Courtage do 1/4 °/₀..............				
Commission do 2 °/₀..............				
Ensemble.... 4 1/2 °/₀ sur f.44456,73 (²)	xxxx	69	24xx	80
			Fr 44459	73

N. B. Les florins et les francs se divisant en centièmes, les calculs n'offrent aucune difficulté.

(¹) Banca.— Ile de la mer des Indes, à l'est et près de Sumatra, possède des mines d'étain renommé. L'étain de Banca est expédié en *saumons*, du poids de 30 k.

(²) Pour déterminer ce chiffre de 44459,73 sur lequel on prend 4 1/2 °/₀, il faut remarquer que les fr. 2000,69 ainsi obtenus, ajoutés à ce qui précède, reproduisent cette même somme de 44459,73. De là la solution suivante :

fr. 95,50 proviennent de fr. 100 diminués des intérêts à 4 1/2 °/₀

$$1 \quad \text{de} \quad \frac{100}{95,50}$$

et 42 459,04 montant de ce qui précède, de $\dfrac{100 \times 42\,459,04}{95,50} = 44459,73.$

80. *Compte d'Achat et de Revient* à 3436 sacs sucre Pernambuco ([1]) attendu au Canal à ordres, acheté à Londres flottant, aux conditions anglaises, poids réduit, en destination du Havre.

	£	sh	d	£	»b	d
3436 sacs sucre Pernambuco à 5 arrobes par sac, soit 17180 arrobes, 3 1/2 arrobes égalant 1 cwt de 112 ℔ anglaises, = 4908 cwt 2 qrs 8 lbs = 549760 ℔ anglaises à 20 sh par cwt de 112 ℔ ([2])	...	..	..	49xx	xx	4
Escompte 2 1/2 %...	...	..	..	xxx	xx	4
FRAIS A LONDRES.				47xx	xx	0
A déduire: Fret à 17180 arrobes à 50 sh et 5 % les 70 arrobes ([3])	...	..	..	x44	5	0
				41xx	xx	x
Intérêts 1 mois à 5 % l'an sur ℔ 4141.12 sh.	...	...	..	x7	5	
				4124	x	
A ajouter : Courtage 1/2 % sur £ 4908 . 11 sh	xx	xx	10			
Port de lettres et dépêches, 1 %₀₀ sur £ 4908 . 11	4	18	2			
Commission d'achat 1 % sur £ 4587.17 sh	4x	17	6	xx	6	6
Comptant de jour de l'arrivée au port d'ordres contre la remise des documents.	...	..	£	4199	13	6
A Fr. 25,20 pour 1 £			.Fr.	105xxx		81
FRAIS AU HAVRE.		Fr.				
Fret ci-haut £ 644 . 5 sh à fr. 25 . 20 la £.	16xxx	10				
Recevoir, peser et livrer du quai, à 0,15 par sac	5xx	40				
Assurance contre le feu sur le quai 1/2 %₀₀ sur 126998,15...........	x3	50				
Courtage de vente... 1/4 % Escompte à la vente.. 2 1/4 % Perte d'intérêts ..... 1/2 % Commission de vente. 2 % Ensemble.... 5 1/2 % sur fr. 129xxx,85 ([4])	64xx	04		23269		04
		Fr.		129xxx		85

([1]) Pernambuco, chef-lieu d'une des provinces les plus riches du Brésil, est aujourd'hui le second port de cet empire par l'importance de son commerce.

([2]) L'élève devra faire figurer sur sa copie les calculs relatifs à ces transformations de poids.

([3]) Après avoir calculé en sh 17 180 arrobes à 50 sh pour 70 arrobes, on ajoutera 5 % au résultat obtenu et on divisera les sh par 20 pour avoir des livres.

([4]) En procédant comme il a été indiqué au compte précédent, l'élève déterminera la somme sur laquelle il faut calculer ces 5 % . Cette somme diminuée de 5 % doit reproduire fr. 122 645,81, montant de ce qui précède.

81. *Compte d'Achat et de Revient* à 37050 pochettes riz de Siam en paille attendu de Bangkok au Canal à ordres, acheté à Londres en destination du Havre, aux conditions anglaises du 15 janvier 1867. Poids délivré, Escompte 2 1/2 %.

	£	sh	d		£	sh	d
37050 pochettes riz de Siam en paille (¹) livré au Havre. Brut　kg. 1069177. Tare nette　15190.							
Net kg. 1053987.							
50 3/4 kg. = 1 cwt de 112 ℔ (livres) Net 1038. T 8 cwt 0 qr 24 ℔ = net ℔ 2326xxx à 10 sh par 112 ℔ (²)					103xx	2	2
Escompte 2 1/2 %					2x0	xx	1
					1012x	xx	1
FRAIS A LONDRES.							
A déduire : Fret T 1038 8 cwt 0 qr 24 ℔ à £ 3. 10 par 2240 ℔					36xx	x	0
					64xx	x	4
A ajouter : Courtage d'achat , 1/2 % sur £ 10384. 2. 2	5x	xx	5				
Port de lettres et dépêches 1 %₀ sur £ 10384. 2. 2	xx	x	8				
Commission d'achat. 1 % sur £ 10124. 10. 1	xxx	4	10		xxx	xx	11
Comptant au jour de l'arrivée du navire au port d'ordres contre la remise des documents et d'une facture provisoire, établie sur le rendement de 130 ℔ le picul			£		665x	xx	3
A fr. 25 pour 1 £			Fr.		1663xx	31	
FRAIS AU HAVRE.	Fr.	c.					
Fret ci-haut £ 3634 8 sh 9 d à fr. 25 par £	90xxx	94					
Recevoir, mise en magasin et livraison à 52 1/2 c. par 100 kg..	56xx	19					
Assurance contre le feu 1 %₀ sur fr. 262814.44	x62	82					
Frais d'une vente publique	400	»					
Courtage de vente　　1/4 % Escompte à la vente　2 1/4 % Perte d'intérêts　　1 %₀ Commission de vente　2 %							
Ensemble　5 1/2 % 　sur fr. 2788xx, 91 (³) ..	15xxx	x5			1124xx	xx	
			Fr.		2788xx	91	

(¹) Voir les notes au bas de la page suivante.

82. *Compte d'Achat* à 40000 pièces de 5 francs françaises achetées à Londres, d'ordre et pour compte de MM. Moder frères, du Havre, et expédiées à Mackillop à Calcutta, par le steamer *le Benarès* ([1]).

	£	sh	d	£	sh	d
40000 pièces de fr. 5 à fr. 25,30 par £..................	7905	2	9			
Caisses d'emballage à fr. 96......	3	15	10			
Assurance maritime sur fr. 216000 à 1 1/2 %.........	128	1	3			
Fret 2 % sur 8000 £.............	160			8196	19	10
A ajouter :						
Prime d'achat 7 %	55	6	9			
1/2 % sur 8000 £	40					
Frais divers................	5	19	11	101	6	8
			£	8298	6	6
En francs à fr. 25,30 par £.......	......	....	Fr.	xxxxx	xx	

A propos de ce compte, nous ferons remarquer que ces achats d'argent à destination des pays qui, comme l'Inde, ne donnent cours légal qu'à la monnaie d'argent, sont fréquents à Londres, surtout en temps de crise monétaire, comme en 1857, par exemple. A cette époque, chaque packet importait dans l'Inde de 500,000 à 1 million de livres sterling de monnaies d'argent. Le prix de ces pièces de monnaie est nécessairement variable, puisque, comme toute marchandise, elles sont soumises aux lois de l'offre et de la demande.

La quantité de monnaie d'argent répandue dans l'Inde est énorme : les caisses publiques et les institutions de crédit en conservent en réserve pour des sommes qui vont ordinairement de 12 à 15 millions sterling. Des quantités bien plus considérables sont absorbées en ornements, tels que bracelets, anneaux, pendants d'oreilles, etc.

([1]) Les éléments de ce compte d'achat et du suivant sont empruntés à la *Comptabilité générale* d'Hippolyte Vannier, directeur de l'école de commerce du Havre.

([1]) Après avoir séparé par le *battage* le grain de la paille, on met le riz en tas et on le vanne ; puis, on le met sécher sous des hangars ou directement aux rayons du soleil. Le riz ainsi traité, enveloppé de la balle jaunâtre qui est très-adhérente, porte dans cet état le nom de *riz en paille*. On réserve le nom de *riz* au grain débarrassé de son enveloppe.

([2]) L'élève fera les calculs de transformation de T. cwt. qrs. en livres.

([3]) En procédant comme il a été dit dans les deux comptes précédents, l'élève déterminera la somme sur laquelle il faut calculer 5 1/2 %. Cette somme, diminuée de 5 1/2, doit reproduire fr. 263 477,26, montant de ce qui précède.

CALCULS ET EXPLICATIONS.

40000 de 5 fr. $= 200000$ fr. et produisent en monnaie anglaise :

$$\frac{200000}{25,30} = £\ 7905.\ 2.\ 9.$$

$$
\begin{array}{c|c}
2000000 & 253 \\
2290 & £\ 7905\ .\ 2\ .\ 9. \\
1300 & \\
35 & \\
\times\quad 20 & \\
\hline
= 700 \text{ sh.} & \\
194 & \\
\times\quad 12 & \\
\hline
388 & \\
194 & \\
= 2328 \text{ d} . & \\
51 &
\end{array}
$$

Les caisses d'emballage comptées 96 fr. donnent :

$$\frac{96}{25.30} = £\ 3\ .\ 16.$$

$$
\begin{array}{c|c}
960 & 253 \\
201 & £\ 3\ .\ 15\ .\ 10. \\
\times\quad 20 & \\
\hline
= 4020 \text{ sh} & \\
1490 & \\
225 & \\
\times\quad 12 & \\
\hline
450 & \\
225 & \\
= 2700 \text{ d} . & \\
170 &
\end{array}
$$

L'assurance maritime à 1 1/2 $°/_0$ est égale à

$$\frac{1\ 1/2 \times 216000}{100} \text{ ou } 3240 \text{ fr. qui, divisés par } 25,30.$$

produisent en monnaie anglaise £ 128. 1. 3.

Le fret de 2 %, a été pris sur £ 8000, la £ ayant été comptée à fr. 25.

$$\text{La prime d'achat} = \frac{\text{£ 7905. 2. 9.} \times 7}{1000} = \text{£ 55. 6. 8.}$$

£ 7905	.2 sh	9 d
		7

1000)

55335	19	3
— 55000	6719	8631
	— 6000	— 8000
335	719	631
× 20	× 12	
6700	1438	
	719	
	8628	

(£ 55 . 6 . 8 6/10.

Transformation des £ en francs, à fr. 25,30. — 8298 £ 6 sh 6 d.

$$\text{£ } 8298 = \text{fr. } 25,30 \times 8298.$$

$$\text{sh} \quad 6 = \text{fr. } \frac{25,30 \times 6}{20}.$$

$$\text{d.} \quad 6 = \text{fr. } \frac{25,30 \times 6}{20 \times 12}.$$

83. *Compte d'Achat* à 25000 pièces de 5 francs françaises achetées à Londres d'ordres et pour compte de Moder frères, du Havre et expédiées à Th. Nephews, à Calcutta, par le navire *Joha*.

	£	sh	d			
25000 pièces de 5 francs à fr. 25 1/4 par £......................	4950	x	11			
Caisses pour le transport..........	2	7	6			
Assurances maritimes sur fr. 135000 à 1 1/2 % et police, soit fr. 2026,25 à fr 25 1/4 par £..............	xx	4	11			
Fret 1 % sur 5000 £.............	xx			xx83	x	x
A ajouter.						
Prime d'achat 7 %₀ sur £4950. 9. 4.	xx	x3				
Frais divers	3	15				
Commission d'achat et d'expédition 1/2 % sur £ 5000.............	xx			xx	8	
				£ 51xx	xx	4

COMPTES DIVERS.

84. 1º Faire le compte d'achat à Batavia de 200 piculs (¹) sucre en paniers à 15 florins le picul.

Ajouter les frais suivants :

Embarquement 25 cents par picul.

Droits de sortie 6 % sur le prix d'achat de 200 piculs à 15 florins.

Commission d'achat 1 1/4 % sur le total de ce qui précède.

Commission de négociation de 1 % sur le montant de la traite à fournir pour ce qui précède.

2º Convertir le montant du compte d'achat en francs à raison de fr. 2,10 le florin.

1ʳᵉ *Réponse* : 3303 florins 07.

N. B. La monnaie employée est le florin de 100 cents.

85. 1º Faire le compte d'achat à Londres de 150 billes d'acajou mesurant ensemble 60000 pieds à 7 pence le pied.

A soustraire escompte 2 1/2 %.

A ajouter 1/2 % de courtage sur le prix d'achat non diminué de l'escompte.

Frais à ajouter :

    Douane 7 sh 6 d.
    Transport 30 £.
    Frais divers 15 sh.
    Commission 2 % sur le total de ce qui précède.

2º Transformer le résultat en francs à fr. 25,15 la £.

1ʳᵉ *Réponse* : £ 1781. 0. 11.

(¹) Le picul vaut 61 kg. 521.

86. 1° Faire le compte d'achat à Londres de 100 balles de coton pesant chacune 3 cwt 66 ℔ à 6 pence par livre ℔, déduction faite de la tare qui est de 18 ℔ par balle.

Ajouter les frais suivants :

> Courtage 1/2 %.
> Douane £ 1.5.
> Frais divers £ 6. 15 6.
> Commission d'achat 2 % sur ce qui précède.

2° Exprimer le résultat en francs, en y ajoutant 2 % pour la négociation de la traite à fournir.

N. B. Le poids employé dans ce compte est le quintal (cwt) valant 4 quarters (qrs) de chacun 28 livres (℔).

RÈGLE DE TROIS COMPOSÉE

I. Exprimer en francs la valeur *au pair* du souverain d'Angleterre, pièce d'or de 7 grammes 980855 millionièmes au titre de 917 millièmes.

La pièce d'or de fr. 20 au titre de 900 millièmes pèse 6 gr. 45161.

Solution. 6 gr. 45161 d'or au titre de 900 millièmes valent 20 fr.

$$7 \text{ gr. } 980855 \qquad » \qquad 917 \qquad » \qquad » \qquad x.$$

1 gr. d'or au titre de 900 mill. vaut $\dfrac{20}{6,45161}$

$$1 \text{ gr.} \qquad » \qquad 1 \qquad » \qquad \frac{20}{6,45161 \times 900}$$

$$7 \text{ gr. } 980855 \text{ »} \qquad 1 \qquad » \qquad \frac{20 \times 7,980855}{6,45161 \times 900}$$

$$\text{et } 7 \text{ gr. } 980855 \text{ »} \qquad 917 \qquad » \qquad \frac{20 \times 7,980855 \times 917}{6,45161 \times 900} = 25,21$$

Réponse : Fr. 25,21.

II. Quelle est la valeur au pair d'un kilogr. d'or au titre de 916 millièmes ?

Solution. En raisonnant comme on vient de le faire on trouverait :

$$\frac{20 \times 1000 \times 916}{6,45161 \times 900} = \text{fr.}$$

III. En France les pièces d'or étrangères subissent une retenue de fr. 6,70 par kilogr. au titre de 900 millièmes. D'après cela déterminer la valeur d'un kilogr. d'or au titre de 0,916.

Solution. Le kilogr. d'or au titre de 900 millièmes vaut $\frac{20 \times 1000}{6,45161} = 3100$ fr. dont il faut retrancher $6,70 =$ fr. 3 093,30.

Au titre de 1 millième, le kilogr. d'or vaut $\frac{3\ 093,30}{900}$.

Et au titre de 916 millièmes, il vaut $\frac{3\ 093,30 \times 916}{900} =$ fr. 3 148,30.

N° 1. — Tarif des matières et espèces d'or.					
TITRES.	VALEUR au tarif par kilogr.	VALEUR réelle ou sans retenue.	TITRES	VALEUR au tarif par kilogr.	VALEUR réelle ou sans retenue.
mill.	fr. c.	fr. c.	mill.	fr. c. [1]	fr. c.
1000	3437. »	3444.44	9	30.93	31. »
900	3093 30	3100. »	8	27.50	27.56
800	2749.60	2755.56	7	24.06	24.11
700	2405 90	2411.11	6	20.62	20.67
600	2062.20	2066.67	5	17.19	17.22
500	1718.50	1722.22	4	13.75	13.78
400	1374.80	1377.78	3	10.31	10.33
300	1031.10	1033.33	2	6.87	6.89
200	687.40	688.89	1	3.44	3.44
100	343.70	344.44	dixièm.	fr. c.	fr. c.
90	309.33	310. »	9	3.09	3.10
80	274.96	275.56	8	2.75	2.76
70	240.60	241.11	7	2.41	2.41
60	206.22	206.67	6	2.06	2.07
50	171.85	172.22	5	1.72	1.72
40	137.48	137.78	4	1.37	1.38
30	103.11	103.33	3	1.03.1	1.03.3
20	68.74	68.89	2	68.7	68.9
10	34.37	34.44	1	34.4	34.4

(1) Plus 444 millièmes de centime.

N° 2. — Tarif des matières et espèces d'argent.					
TITRES.	VALEUR au tarif par kilogr.	VALEUR réelle ou sans retenue.	TITRES	VALEUR au tarif par kilogr.	VALEUR réelle ou sans retenue.
mill.	fr. c.	fr. c. (¹)	unit.	fr. c.	fr. c.
1000	220.56	222.22	9	1.98	2. »
900	198.50	200. »	8	1.76	1.78
800	176.44	177.78	7	1.54	1.56
700	154.39	155.56	6	1.32	1.33
600	132.33	133.33	5	1.10	1.11
500	110.28	111.11	4	88	89
400	88.22	88.89	3	66	67
300	66.16	66.67	2	44	44
200	44.11	44.44	1	22	22
100	22.05.6	22.22	dixièm.	c.	c.
90	19.85	20. »	9	19.8	20. »
80	17.64	17.78	8	17.6	17.77
70	15.43.9	15.56	7	15.4	15.55
60	13.23.3	13.33	6	13.2	13.33
50	11.02.8	11.11	5	11.0	11.11
40	8.82.2	8.89	4	8.8	8.88
30	6.61.6	6.67	3	6.6	6.66
20	4.41	4.44	2	4.4	4.44
10	2.20.56	2.22	1	2.2	2.22

Le tableau n° 1 permet d'établir facilement le prix du kilogr. d'or à tous les titres, et le tableau n° 2 celui du kilogr. d'argent.

Pour avoir avec le tableau n° 1 le prix du kilogr. d'or au titre de 916 millièmes, déduction faite de la retenue, remarquons que :

le kilogr. d'or à   0,900   vaut fr.   3 093.30
       »   0,010   »   34.37
       »   0,005   »   17.19
       »   0,001   »   3.44
    Total à   0,916   »   3 148.30

Connaissant le prix du kilogr. d'or à un titre déterminé, il sera toujours facile d'en déduire la valeur d'une pièce quelconque de monnaie d'or dont on connaîtra le poids et le titre.

On trouvera à la fin de ce volume un *Tableau des Monnaies* avec leur poids légal, leur titre légal, leur titre au tarif pour les mon--

---

(¹) Plus 222 millièmes de centime

naies qui ont été tarifiées officiellement (¹), la valeur du kilogramme de ces monnaies et enfin la valeur de chacune de ces
monnaies. Ce tableau, qui est emprunté à l'*Annuaire du Bureau
des longitudes*, offre toutes les garanties d'exactitude qu'on est en
droit d'exiger de renseignements de cette nature.

(¹) L'administration fait procéder à de nombreux essais et adopte pour inscrire
dans les tarifs le titre qui a été constaté par elle.

INTÉRÊT SIMPLE

L'*intérêt* est la *rémunération* d'un service rendu par le prêt d'une somme d'argent et des risques courus par le prêteur.

L'*intérêt* de l'argent ou capital *circulant* est tout aussi *légitime* que le *loyer* d'un capital *fixe*, maison, usine, terre, etc., que le bénéfice d'une vente et en général que la rémunération de tout service rendu.

L'*utilité* de l'intérêt du capital est incontestable : c'est un des stimulants les plus énergiques de l'épargne, c'est-à-dire de l'accumulation du capital lui-même, cet instrument indispensable du travail et du progrès.

L'*utilité* et la *légitimité* de l'intérêt du capital sont aujourd'hui reconnues par la grande majorité, et toutes les théories des utopistes ou des sophistes ne prévaudront pas contre le bon sens général.

Diversse causes font varier le *taux* de l'intérêt ; par exemple, l'abondance ou la rareté des capitaux disponibles, les risques plus ou moins considérables que peuvent courir ces capitaux. Toutefois le taux de l'intérêt ne peut pas dépasser un maximum fixé par la loi.

La loi de 1807 a limité à 5 % le taux de l'intérêt en matière civile et fixé à 6 % l'intérêt des prêts au commerce. Cependant la Banque, par la loi du 6 juin 1857, a été autorisée à élever au-dessus de 6 % le taux de l'escompte et de l'intérêt de ses avances. C'est un premier pas vers la liberté du taux de l'intérêt, puisque logiquement les banquiers doivent bénéficier de la latitude accordée à la Banque et pouvoir avec elle élever l'intérêt au-dessus de 6 % .

Pas plus que les *fermages* et les *loyers*, le *taux* de l'intérêt ne devrait être réglementé. Nous estimons qu'en matière de finance comme en matière de commerce la liberté est plus féconde que toute réglementation.

Qu'on n'allègue pas la protection que le législateur croit, à tort ou à raison, devoir accorder à l'emprunteur ; il serait facile de démontrer que la limitation du taux de l'intérêt est nuisible à ce dernier.

Du reste, avouons-le, de toutes parts on élude la loi : les emprunts 5 et 6 % émis au-dessous du pair montrent que le gouvernement est lui-même obligé de subir les conditions de l'offre et de la demande ; l'intérêt payé au Mont de Piété est de 9 % !

« La loi qui limite le taux de l'intérêt, dit Joseph Garnier, empêche les capitalistes scrupuleux d'alimenter les industries qui, par suite des risques et des autres circonstances, ne peuvent emprunter au taux légal ; elle les livre aux capitalistes plus aventureux, qui se font payer une prime pour les dangers que la loi leur fait courir, et un loyer supérieur en raison du peu de concurrence qu'ils rencontrent ; elle est un obstacle à la distribution naturelle du capital ; elle nuit aux emprunteurs qu'elle a l'intention de favoriser ; elle agit en un mot comme toute loi de maximum. Ajoutons que de semblables prescriptions amènent des fraudes continuelles, auxquelles se prêtent tous les intermédiaires, même officiels, et qu'il en résulte une pratique nuisible à la morale publique. »

Proclamons donc la liberté du taux de l'intérêt comme en Angleterre, en Hollande et dans d'autres pays, qui s'en trouvent bien.

Au point de vue arithmétique, l'intérêt est dit *composé* ou *simple*, selon qu'il s'ajoute ou ne s'ajoute pas au capital pour produire à son tour un revenu qui accroît le revenu du capital primitif.

Nous ne nous occuperons ici que du calcul de *l'intérêt simple*, nous réservant de traiter des intérêts composés au Livre III de cet ouvrage.

L'intérêt simple est proportionnel au *capital*, au *taux* et au *temps*.

Le calcul de l'intérêt simple donne lieu à une règle de trois composée.

EXEMPLE.

Combien rapportent 1895 fr. placés pendant 115 jours à 6 % l'an ?

Solution. 100 fr. en 360 jours rapportent 6 fr.
1895 fr.   115 x

d'où $x = \dfrac{6 \times 1895 \times 115}{100 \times 360}$ [1] ou $\dfrac{1895 \times 115}{6000} =$ fr. 36,32.

Ce qui montre qu'on peut obtenir l'intérêt d'une somme placée à 6 °/₀ en divisant par 6000 le produit de la multiplication du capital par le nombre de jours.

Cette manière de calculer l'intérêt est connue sous le nom de *méthode des diviseurs fixes.*

Dans la pratique, pour abréger les opérations, on s'abstient de multiplier les centimes du capital, on supprime deux chiffres à la droite du dividende (²) et on divise par 60. Cette dernière simplification offre un avantage sérieux dans l'application de la *méthode des nombres* aux borderaux et aux comptes-courants, méthode que nous exposons plus loin.

En procédant comme nous venons de le faire, on verrait

qu'à	5 °/₀	le diviseur fixe est	7200	ou	72,
	4 1/2 °/₀		8000		80,
	4 °/₀		9000		90,
	3 °/₀		12000		120,
	2 1/2 °/₀		14400		144,
	2 °/₀		18000		180.

Pour obtenir l'intérêt à 5 1/2 °/₀ , on ajoute 1/10 de l'intérêt calculé à 5 °/₀.

A 3 1/2 on calcule à 3 °/₀ et on augmente le résultat du 1/6 de lui-même.

Comme applications de la méthode des diviseurs fixes, nous allons, après quelques explications préliminaires, établir des *bordereaux d'escompte* et des *comptes-courants* par différentes méthodes.

(¹) En remplaçant dans cette formule l'intérêt par I, le taux par i, le capital par C et le nombre de jours par t, on a $I = \frac{i \times C \times t}{36000}$ ou $I = \frac{Cit}{36000}$, d'où, en multipliant les deux membres de l'égalité par 36000, $I \times 36000 = Cit$, et en faisant passer it dans le premier membre avec le signe de la division, $\frac{I \times 36000}{it} = C$,

ou $$C = \frac{I \times 36000}{it}.$$

On trouverait de même que $i = \frac{I \times 36000}{Ct}$,

et que $$t = \frac{I \times 36000}{Ci},$$

formules qui permettent de rechercher le capital, le taux, et le temps exprimé en jours.

(²) Lorsque le nombre formé par les deux chiffres supprimés est plus grand que 50, on force d'une unité le nombre qui reste.

ESCOMPTE EN DEHORS

L'*escompte*, avons-nous dit plus haut, est une opération de banque qui consiste à faire l'avance de la valeur d'un effet (¹) de commerce, déduction faite de la retenue qui constitue le bénéfice du banquier.

La somme déduite se nomme également *escompte*. Cet escompte peut se calculer de deux manières :

1° On peut prélever, à un taux convenu, pour le temps qui reste à courir jusqu'à l'échéance, l'intérêt de la *valeur nominale* du billet : c'est ce qu'on appelle *escompte en dehors*, le seul usité en France.

2° On peut prélever cet intérêt sur la *valeur actuelle* du billet : c'est alors l'*escompte en dedans*, usité dans quelques pays étrangers.

Nous ne nous occuperons ici que de l'*escompte en dehors*, nous réservant de traiter plus loin de l'*escompte en dedans*.

« On calcule en France, dit M. Courcelle-Seneuil, l'escompte de la même manière que l'intérêt ; dans plusieurs pays étrangers on procède autrement et on calcule l'escompte vrai. Nous ne savons jusqu'à quel point cette dernière mode de compter est plus avantageuse, car le taux de l'escompte, aussi bien que celui de l'intérêt, se règle, non par l'arithmétique, mais par des conventions que détermine le rapport de l'offre et de la demande, et ces conventions sont d'autant plus avantageuses à l'escompté, si l'on peut ainsi dire, qu'elles donnent moins de peine à l'escompteur. Or il est évident que c'est le compte des intérêts qui se prête aux calculs les plus rapides et qui, par conséquent, est encore après tout le

---

(¹) Pour la définition des termes de commerce employés dans cet ouvrage, voir nos *Notions générales de Commerce et de Comptabilité*.

plus avantageux. Du reste, on comprend qu'en cette matière il ne
peut y avoir d'autres règles que celles qui résultent de l'usage des
lieux et des conventions particulières. »

D'ordinaire, lorsqu'un commerçant a à présenter à un banquier une série de billets à escompter, il en dresse le *bordereau*,
c'est-à-dire qu'il établit la liste méthodique des valeurs présentées
à l'escompte ; le banquier complète le bordereau en y inscrivant
les intérêts et les *commissions* à prélever et enfin le solde à payer
ou à recevoir. Nous allons établir un de ces bordereaux d'escompte
et donner les explications nécessaires pour en permetre l'intelligence.

BORDEREAUX D'ESCOMPTE

I. *Bordereau* des effets présentés à l'escompte par M. Pierre chez M. Charles, banquier à Bordeaux, le 15 avril 1873.

Escompte 4 1/2 %.

2640	50	Libourne	1/8	3	30	17	mai	32	10	55
640	20	Angoulême	1/5	1	30	31	mai	46	3	65
930	»	Tours	1/6	1	55	15	juin	61	7	10
4210	70	6,15 provenant des								
		changes de place		6	15					
27	45	21,30 Intérêts.							21	30
4183	25	Net.								
		S. E. ou O ([1]).								

Sur le premier effet de 2640,50 payable à Libourne et remis par M. Pierre à M. Charles, celui-ci retiendra 1/8 % de *commission* ou de *change de place*, soit fr. 3,30, et 32 jours d'intérêts pour le temps qui reste à courir depuis le 15 avril, jour de la remise du bordereau, jusqu'au jour de l'échéance du premier billet, soit fr. 10,50. De même pour les autres billets.

Ce que doit recevoir M. Pierre se compose donc du total des sommes, montants des billets, ou de fr. 4210,70 diminué du total des changes de place et des intérêts, en tout de fr. 27,45; c'est-à-dire fr. 4183,25.

En procédant comme nous venons de le faire, chaque calcul d'intérêt nécessite une division. Il y a avantage à inscrire dans la colonne occupée par les intérêts les *nombres* qui, divisés par le *diviseur fixe*, donnent ces intérêts ; car il suffit de diviser le total de ces *nombres* par le diviseur fixe pour obtenir le montant de tous les intérêts réunis.

([1]) Lisez : sauf erreur ou omission.

Dans l'exemple qui nous occupe, le premier billet supporte un escompte représenté par $\frac{845}{80}$; le second, un escompte de $\frac{294}{80}$: et le troisième, un escompte de $\frac{567}{80}$; en tout $\frac{845 + 294 + 567}{80}$.

Les intérêts du bordereau suivant ont été calculés au moyen des *nombres*; on remarquera que ce bordereau ne diffère du précédent que par l'inscription des nombres, au lieu et place des intérêts.

II. *Bordereau* des effets présentés à l'escompte par M. Pierre chez M. Charles, banquier à Bordeaux, ce 15 avril 1873.

Escompté 4 1/2 %.

2640	50	Libourne............	1/8	3	30	17	mai	32	845
640	20	Angoulême..........	1/5	1	30	31	mai	46	294
930	»	Tours	1/6	1	55	15	juin	61	567
4210	70	6,15 changes de place		6	15				1706
27	45	21,20 intérêts s/N/1706							
4183	25	Net.							
		S. E. ou O.							

EXERCICES SUR LES BORDEREAUX D'ESCOMPTE.

87. Faire le bordereau des effets présentés à l'escompte par M. X.... chez M. Y..., banquier à Bordeaux, le 15 février 1869.

Escompte 5 %.

Fr. 120,40	Arcachon	1/4	15	mars	
250,20	Bayonne	1/5	20	id	
2740,25	Mont-de-Marsan	1/4	31	id	
947	Pau	1/6	15	avril	
6742,95	Périgueux	1/5	20	id	
278	Angoulême	1/10	30	id	
6792,65	Blaye	1/5	10	mai	
722,30	Pauliac	1/4	15	id	

On devra trouver : Intérêts à 5 %   177,05

Commission   38,35

Net à recevoir   18378,35

88. Faire le bordereau des effets présentés à l'escompte par M. Magnier chez M. Henri, banquier à Paris, ce 28 février 1869. Escompte 5 1/2. Commissions 1/5 % sur le total des sommes.

242,50	Soissons	15	mars
199,50	Lille	20	id
2540,25	Amiens	31	id
57,40	Rouen	10	avril
342,50	Le Havre	15	id
484,50	St-Omer	20	id
654	Calais	25	id
3286	Dunkerque	30	id
245	Strasbourg	10	mai
1342,50	Nancy	15	id
945,25	Verdun	20	id
2678,60	Nantes	31	id

On devra trouver fr. 12868,50 net.

BORDEREAUX D'ESCOMPTE A L'ÉTRANGER.

III. *Bordereau* des effets présentés à l'escompte par MM. C. et Cie, chez MM. B., de Londres, ce 8 janvier 1874.

Escompte 4 %. Changes de place 1/10 sur le total des effets.

£	sh	d				£	sh	d
584	7	6	Liverpool............	15	janvier	7	»	9	1
6240	18	7	Glascow.............	15	février	38	26	7	»
824	17	4	Bristol..............	28	février	51	4	13	5
540	18	9	Boston........	31	mars	82	4	18	6
8191	2	2	£ 36.8, Escompte 4%						
44	11	9	8.3.9 Commission 1/10						
8146	10	5	Net.						

En employant la méthode des diviseurs fixes usitée en France, l'intérêt de £ 584. 7. 6. pour 7 jours à 4 % est de

$$\frac{£\,584.\,7.\,6.\times 7}{9000} = £\,».\,9\;sh\,1\;d.$$

```
                    £ 584  .  7  .  '6
                                  × 7
   9000        £ 4090  .  12  .   6      £ » . 9 . 1
               × 20    81812   9750
               81800   84000   9000
                         812    750
                        × 12
                       1624
                        812
                       9744
```

Dans le calcul des intérêts du bordereau ci-dessus nous avons suivi cette méthode comme plus expéditive. Les Anglais, comptant l'année de 365 jours, obtiennent le diviseur fixe 73000 en multipliant par 2 les deux termes de la fraction donnée par la formule de l'intérêt.

En raisonnant comme nous l'avons fait plus haut à propos de la règle d'intérêt, on trouverait que l'escompte de £ 584 . 7 . 6 . à 4 % pendant 7 jours est représenté par $\frac{4 \times £\,584.7.6. \times 7}{100 \times 365}$.

D'où, en multipliant les deux termes de cette fraction par 2, .

$$\frac{4 \times £\,584.7.6 \times 7 \times 2}{73000} = £ \text{ » } . 8 . 11\frac{1}{2}.$$

73000 sert de diviseur fixe dans tous les calculs d'intérêts anglais, quel que soit le taux. On remarquera qu'il ne contient que deux chiffres significatifs, au lieu de trois que renfermait le diviseur 36500. C'est là un avantage qu'il est bon de ne pas négliger, surtout dans des opérations de nombres complexes.

```
                     £ 584  .  7   .     6
                                        56
   73000)      32725     0           0       (£ » . 8 . 11 1/2
               × 20    654500    846000
               654500  584000    73000
                        70500   116000
                        × 12     73000
                       144000    43000
                        70500
                       846000
```

A 1 % le montant des changes de place serait égal à $\frac{£\,8191.2.^{2}}{100}$

A 1/10 % il serait 10 fois plus petit ou

$$\frac{£\,8191.2.2}{100 \times 10} = £\,8.\,3.\,9.$$

1000·)   8191 . 2 . 2   (£ 8 . 3 . 9

EXERCICE SUR LES BORDEREAUX D'ESCOMPTE A L'ÉTRANGER.

89. 1° Faire le bordereau des effets présentés à l'escompte le 4 janvier 1874 par M. Law chez MM. Clarck et Cie, de Londres, en comptant l'année de 360 jours.

£ 2540 . 19 . 7	Bristol	15 février
235 . 15 . 6	Manchester	20 février
45 . 17 . 11	Sheffield	15 mars
140 . 18 . 4	Londres	31 mars

Escompte 4 %
Commission 1/10

On devra trouver £ 2945 . 16 . 5 net.

2° Faire le même bordereau en comptant l'année de 365 jours. et en se servant, suivant la pratique anglaise, du diviseur fixe 73000.

COMPTES-COURANTS

Lorsque deux correspondants commerçants ou banquiers ont des relations d'affaires fréquentes et suivies, ils ne s'astreignent pas à solder, par appoint, chacune de leurs opérations, mais les portent sur leurs livres de commerce, en *comptes-courants*, produisant ou ne produisant pas d'intérêts.

Nous ne nous occuperons ici que des comptes-courants portant intérêts, les autres n'offrant absolument aucune difficulté, puisqu'il suffit pour les régler de balancer les sommes du Doit et de l'Avoir.

Les explications que nous allons donner sur les différentes méthodes employées pour le règlement des comptes-courants produisant intérêts, bien que ne portant sur aucune difficulté sérieuse, réclament cependant, pour être bien saisies dans leur ensemble, une certaine attention et surtout de la méthode. Nous ne saurions trop engager les élèves à ne passer d'une explication à une autre que lorsqu'ils en auront bien saisi l'esprit et que de plus ils se seront rendus maîtres de la pratique.

Les comptes-courants pouvant être considérés comme des bordereaux doubles, l'élève ne devra en aborder l'étude que lorsqu'il se sera familiarisé avec le règlement des bordereaux.

I. Compte-courant portant intérêts, établi par

Doit.   Monsieur Pierre, à Paris, s/ c/ c/ et d'intérêts à 4 %, chez

1874												
Janv.	1	4604	75	Solde ancien..........			31	Déc.	90	46	05
	10	740	20	Saint-Denis..........	1/10	15	Févr.	44	3	00
Févr.	15	1950	»	Paris................		15	Avril	15	3	25
Mai	20	930	45	Paiement Jacques....	1/4	20	Févr.	39	4	03
	4	120	»	Encaissement Georges...	1/8	2	Mars	29	»	40
Mars	20	1240	75	Soissons............	1/6	15	Juin	76	10	45
				Intérêts en n/ faveur.	36	80					
				1/4 sur 930,43.	2	30					
				1/5 sur 460,30.	»	90					
				1/6 sur 3640.	6	05					
		46	05								
		9632	20						54	10
		1858	30	Solde à nouveau valeur..			31	Mars			

S. E. ou O.
Bordeaux, ce 31 mars 1874
Paul et Henri.

Les chiffres en caractères gras doivent être rouges.

Le compte que nous allons examiner est celui de Pierre, banquier à Paris, établi par Paul et Henri, banquiers à Bordeaux.

Le 1ᵉʳ article du Doit :

Janvier 1ᵉʳ, fr. 4604,75, *solde ancien,* 31 *décembre,* 90, *fr.* 46,05 indique que Pierre était redevable au 31 décembre 1873 de fr. 4604,75 qui doivent produire intérêts à 4 % pendant toute la durée du compte, c'est-à-dire du 31 décembre jusqu'au 31 mars, soit pendant 90 jours $= \frac{4604 \times 90}{9000} = 46,04$ ou, en arrondissant, 46,05, que nous inscrivons dans la dernière colonne du Doit.

Le 2ᵉ article signifie que le 10 janvier Paul et Henri ont envoyé une remise de fr. 740,20 sur Saint-Denis à Pierre qui doit la faire encaisser le 15 février. Pierre doit cette somme augmentée de ses intérêts à 4 % pendant 44 jours (du 15 février au 31 mars) ou $\frac{740 \times 44}{9000} = 3,62$ et, en arrondissant, 3,00, que nous inscrivons, comme les précédents, en *encre noire* pour indiquer que ces intérêts *s'ajoutent* aux sommes dues par Pierre ou, si c'était à l'Avoir, aux sommes dues par Paul et Henri.

Il n'en est pas de même des intérêts du 3ᵉ article.

Cet effet sur Paris ne doit être encaissé que le 15 avril, 15 jours après l'époque du règlement de compte ; par conséquent, au 31 mars, Pierre ne devra sur ce billet que fr. 1950 *diminués de l'in-*

la Méthode directe *au moyen des intérêts.*

MM. Paul et Henri, à Bordeaux, réglé valeur au 31 mars 1874.   *Avoir.*

1874												
Janv.	15	3630	20	Bordeaux............			20	Fév.	30	13	75
Févr.	1	460	30	Libourne............	1/5	31	Mars	épense	2	»
Mars	10	3640	»	Angoulême..........	1/6	30	Avril	30	12	15
				Balance des intérêts							
				rouges............					1	33
				Balance des intérêts							
				noirs.............					36	80
		3	40	1/5 sur 420,	»	15					
		2	30	1/5 sur 1240,75.	2	30					
		1808	30	1/10 sur 740,20.	»	75					
		9632	20	Solde débiteur.					54	10

térêt de ce 1950 *fr. pendant les* 15 *jours qui restent à courir, ou fr.* 3,25, que nous portons dans la colonne des intérêts à *l'encre rouge* pour marquer qu'ils doivent *se déduire* des sommes dues par Pierre.

Avant d'aller plus loin, remarquons que, pour les remboursements devant avoir lieu dans une autre ville que la sienne, chacun des banquiers exige un *change de place,* qui est de 1/10 % pour le 2ᵉ article du Doit, de 1/5 pour le 6ᵉ article, etc. Il est évident que ces changes de place doivent s'ajouter aux capitaux dus par celui des ayants-compte qui a demandé le remboursement à l'autre, par conséquent *du côté opposé à celui où ils se trouvent.* Ceci est de règle générale.

Dans le 5ᵉ article nous voyons que, le 2 mars, Pierre a encaissé, pour le compte de Paul et Henri, fr. 120 dont il doit leur tenir compte, ainsi que des intérêts pendant 29 jours ; pour faire cet *encaissement,* il demande 1/8 % de commission, soit fr. 0,15, que nous ajoutons aux capitaux de l'Avoir, partant *du côté opposé à celui où elle se trouve.* Ceci est encore de règle générale.

Le 4ᵉ article du Doit nous fournit l'occasion de faire remarquer *que les commissions de paiement s'ajoutent aux capitaux du côté où elles se trouvent.*

Pierre, en effet, en outre des fr. 930,45 que Paul et Henri ont payés pour lui et des intérêts de cette somme pendant 30 jours,

Arith. comm.   6

leur doit 1/8 % de commission pour avoir effectué ce paiement. Cette commission doit nécessairement être ajoutée à ce que doit Pierre.

Les mêmes explications s'appliquent aux calculs des intérêts, des changes de place et des commissions de l'Avoir.

Revenons aux *intérêts rouges* et aux *intérêts noirs*, dont il nous reste à établir la *balance*.

Il résulte de ce que nous avons dit plus haut, et de l'inspection du compte-courant ci-joint, qu'il faut retrancher 3,25 + 10,45 ou 13,70 des capitaux du Doit et 12,15 des capitaux de l'Avoir. On obtiendrait le même résultat par une seule opération en retranchant fr. 1,55 du Doit; mais, comme il est de règle en comptabilité de procéder par addition plutôt que par soustraction, au lieu de retrancher 1,55 du Doit nous ajouterons cette somme en encre noire aux intérêts de l'Avoir. Nous pouvons donc poser en principe que *le résultat de la balance des intérêts rouges se porte en encre noire à la colonne des intérêts du côté où le total de ces intérêts est le plus faible.*

Quant au résultat de la balance des intérêts noirs, il s'ajoute aux capitaux du côté où le total de ces intérêts est le plus fort.

En effet, dans l'exemple qui nous occupe, les intérêts dus par Pierre s'élèvent à fr. 54,10 et ceux dus par Paul et Henri à fr. 17,30; différence fr. 36,80, redus par Pierre et qui doivent par conséquent s'ajouter aux capitaux du Doit.

Les résultats des commissions et des changes de place étant inscrits à la place qui leur convient, il ne reste plus qu'à *balancer les capitaux* et à ouvrir un *compte à nouveau* au solde obtenu, et qui ici s'élève à fr. 1898,30.

Cette somme ne figure à l'Avoir sous la dénomination de *solde débiteur* que comme moyen de vérification et pour que les totaux du Doit et de l'Avoir soient identiques.

C'est pour la même raison qu'on a porté aux intérêts de l'Avoir la *balance des intérêts noirs* qui figure déjà aux capitaux du Doit.

N. B. Pour abréger les calculs, on peut, comme nous l'avons indiqué pour les bordereaux d'escompte, inscrire les *nombres* au lieu et place des intérêts. Dans ce cas la *balance des nombres*, divisée par le diviseur fixe, donne les intérêts.

Dans le modèle ci-dessous, les intérêts du compte précédent ont été remplacés par les *nombres* qui correspondent à ces intérêts.

La méthode que nous venons d'exposer, et qui est connue sous le nom de *méthode directe*, nécessite l'emploi d'encre rouge et ne permet de calculer les intérêts que lorsqu'on connaît l'époque du règlement de compte.

La *méthode indirecte*, dont nous allons nous occuper, remédie à ces inconvénients : elle fournit le moyen de préparer le compte à l'avance sans en connaître l'époque de règlement et supprime l'emploi de l'encre rouge.

Elle ne diffère de la précédente que par la manière de régler les intérêts ; c'est donc ce point qu'il s'agit surtout d'examiner ici.

II. *Compte-courant établi par la* Méthode directe *au moyen des nombres.*

Doit   M. Pierre, à Paris, s/ c/ c/ et d'intérêts à 4 %, chez MM. Paul et Henri, à Bordeaux, réglé valeur du 31 mars 1874.   Avoir

1874											
Janv.	1	4604	75		Solde ancien..............			31	Déc.	90	4144
	10	740	20		Saint-Denis...............	1/10	13	Fév.	44	314
Fév.	15	1950			Paris......................		8	Avril	15	292
	20	930	45		Paiement Jacques.........	1/4	20	Févr.	39	363
Mars.	4	120			Encaissement Georges..	1/4	2	Mars.	79	35
Mars.	20	1240	75		Soissons..................	1/5	13	Juin.	76	942
				36 75	Intérêts s/ /N 3310					
				2 30	1/4 s/ 930.					
				1 90	1/3 s/ 460.					
		46	»	0 05	1/0 s/ 3040.					
		9632	15							4868
		1898	25		Solde à nouveau valeur.			31	Mars.		
					S. E. ou O.					
					Paul et Henri.					

Les chiffres en caractères gras doivent être rouges.

1874											
Janv.	13	3630	20		Bordeaux..............			20	Févr.	39	1416
Févr.	1	460	30		Libourne..............	1/5	31	Mars.	époque	
Mars.	10	3040	»		Angoulême..........	1/0	30	Avril	30	1092
					Balance des nombres						142
					rouges...........	...				
					Balance des nombres						3310
					noirs.............					
		3	40	» 15	1/8 sur 120.					
				2 30	1/8 sur 1240,75					
				» 75	1/0 sur 740,20					
		1898	23		Solde débiteur.						486
		9632	15							

Totalisant les sommes du Doit et celles de l'Avoir, on trouve :

Sommes dues par Pierre   fr. 9586,15
Sommes dues par Paul et Henri   7730,60
      Différence   1855,65

Pierre ayant encaissé une partie des sommes portées au Doit à des époques postérieures au 31 décembre, date de l'ouverture du compte, ne peut devoir à Paul et Henri les intérêts du total de ces sommes ou de fr. 9586,15 pendant toute la durée de ce compte, c'est-à-dire du 31 décembre au 31 mars, mais seulement les intérêts de cette somme pendant ce laps de temps, diminués *des intérêts non courus* par une partie des sommes *depuis l'ouverture du compte jusqu'au jour de l'échéance,* c'est-à-dire

des intérêts de fr. 740,20 pendant 40 jours (¹) soit fr. 3,75
      »   1930   »   105 (²)   »   22,75
      »   930,43 »   51   »   5,25
      »   120   »   64   »   0,80
      »   1240,75 »   106   »   22,85
                          Total   55,40

De même Paul et Henri, qui n'ont encaissé que 7730 fr. 60 à des époques postérieures à celle du 31 décembre, ne peuvent devoir les intérêts de fr. 9586,15 pendant 90 jours, mais bien les intérêts de cette somme pendant ce laps de temps, *diminués*

(¹) Du 31 décembre au 15 février. (²) Du 31 décembre au 15 avril.

III. Compte-courant établi par la MÉTHODE

Doit.   M. PIERRE, à Paris, s/ c/ c/ et d'intérêts à 4 °/₀, chez

1874							
Janv. 1	4601 75	Solde ancien..........		31 Déc.	époque	»	»
Févr. 10	740 20	Saint-Denis..........	1/10	15 Févr.	45	3	75
15	1930 »	Paris..............	1/4	20 Avril	105	22	73
20	930 43	Paiement Jacques......	1/4	20 Févr.	51	5	25
Mars 4	120 »	Encaissement Georges..	1/8	2 Mars.	61	»	80
20	1240 75	Soissons	1/5	15 Juin.	106	22	85
	36 88	Intérêts et balance des intérêts				35	85
	2 30	1/4 s/ 930,45					
	» 60	1/5 s/ 460,30					
	0 03	1/5 s/ 3640					
	46 10						
9632 23							
1898 85		Solde à nouveau valeur		31 Mars.		92	25
		S. E. ou O.					
		Bordeaux, le 31 mars 1874.					
		PAUL et HENRI.					

d'abord des intérêts de fr. 1855,60 (qui n'ont pas été encaissés et qui sont portés à l'Avoir sous la rubrique *balance des capitaux*)

Pendant 90 jours soit   fr. 18,55
Puis des intérêts de fr. 3630,20 pendant 51 jours = 20,55
      »   460,30   »   90   »   4,60
      »   3640   »   120   »   48,55
                          Total fr. 92,25

Si nous représentons par A les intérêts de fr. 9586,15 pendant 90 jours,

Les intérêts dus par Paul et Henri égaleront A — 92,25
Les intérêts dus par Pierre égaleront   A — 55,40

Ce qui constitue en faveur de Paul et Henri une différence de fr. 36,85, puisque, pour obtenir les intérêts qu'ils doivent à Pierre, il faudrait retrancher de A une somme plus forte de fr. 36,85 que celle qu'il serait nécessaire de retrancher de A pour obtenir les intérêts que Pierre leur doit.

Cette différence s'ajoutera donc aux capitaux dus par Pierre ; ce qui montre que *dans la méthode indirecte le résultat de la balance des intérêts s'ajoute aux capitaux du côté où le total des intérêts est le plus faible,* contrairement à ce qu'on fait dans la méthode directe.

Remarquons aussi que, pour le calcul des *jours* dans la méthode directe, les échéances doivent être toutes rapportées à l'*époque du règlement de compte,* tandis que dans la méthode indirecte elles doivent l'être à l'*époque de l'ouverture du compte.*

INDIRECTE, *au moyen des intérêts.*

MM. PAUL et HENRI, à Bordeaux, réglé valeur au 31 mars 1874.   **Avoir.**

1874							
Janv. 15	3630 20	Bordeaux...........		20	Févr. 51	20	55
Févr. 1	460 30	Libourne...........	1/5	31	Mars. 90	4	60
Mars 10	3640 »	Angoulême..........	1/6	30	Avril 120	48	55
		Intérêts sur fr. 1855,65 balance des capitaux			90	18	55
	15	1/8 s/ 120					
	2 50	1/5 s/ 120					
	» 75	1/5 s/ 1240					
	3 40						
	1898 25	Solde débiteur					
9632 15						92	25

IV. *Compte-courant établi par la* Méthode

INDIRECTE *au moyen des nombres.*

Doit.   M. Pierre, à Paris, s/ c/ c/ et d'intérêts à 4 °/₀, chez

MM. Paul et Henri, à Bordeaux, réglé valeur au 31 mars 1874.   *Avoir.*

1874												
Janv.	1	4604	75			Solde ancien.........		31	Déc.	épone		340
	10	740	20			Saint-Denis.....	1/10	15	Févr.	46		7047
Févr.	15	1930	»			Paris...............		15	Avril	103		474
	20	830	45			Palement Jacques....	1/5	20	Févr.	51		73
Mars.	4	120	»			Encaissement Georges.	1/8	2	Mars.	61		2038
	20	1240	75			Soissons	1/3	15	Juin.	196		3310
				36	75	Intérêts et balance des						
				2	30	nombres						
				»	90	1/4 s/ 930,45						
				6	05	1/5 s/ 460,30						8302
		46	»			1/3 s/ 3640						
		9632	15									
		1898	25			Solde à nouveau valeur		31	Mars.			
						S. E ou O.						

Bordeaux, en 31 mars 1874.
                        Paul et Henri.

1874												
Janv.	15	3630	20			Bordeaux		20	Févr.	51	1831
Févr.	1	460	30			Libourne.............	1/5	31	Mars	90	414
Mars.	10	3640	»			Angoulème...........	1/8	30	Avril	120	4368
						Nombres sur fr. 1835,65 balance des capitaux......				30	1669
				»	15	1/8 s/ 190					
				2	50	1/5 s/ 1240,75					
		3	40	»	75	1/10 s/ 740,70					
		1898	25			Solde débiteur					
		9632	15								8302

EXERCICE SUR LES

COMPTES-COURANTS

90. Établir par les différentes méthodes que nous venons d'ex-par Rebec et Villatte, à Nancy, et réglé valeur 30 juin au taux

poser le compte de P. Jalabret, à Vannes, établi le 1ᵉʳ juillet 18.., de 3 1/2 °/₀ l'an (¹).

DOIT

18..
Avril 17, 1006ᶠ25, Morlaix......... 31 mai, change de place 1/10 °/₀
Mai 4, 308ᶠ95, Dinan........ 31 id. id. 1/5 °/₀
id. 9, 663ᶠ30, Rennes......... 15 juillet, id. 1/10 °/₀
Juin 16, 2000ᶠ », Encaissem' Guyot 11 juin, commission.. 1/8 °/₀
id. 18, 2079ᶠ15, Ploërmel .... 31 juillet, change de place 1/10 °/₀
id. 24, 2500ᶠ » Payé à Farge.... 24 juin, commission... 1/8 °/₀

AVOIR

18..
Avril 6, 6000ᶠ » Payement à Pohl 4 avril, commission ... 1/8 °/₀
id. 21, 300ᶠ » Mirecourt...... 25 mai, change de place 1/10 °/₀
Mai 12, 3900ᶠ » Thionville...... 15 juillet, id. 1/10 °/₀
id. 29, 543ᶠ40, Epinal.......... 25 id. id. 1/10 °/₀
Juin 15, 916ᶠ65, Colmar......... 20 août, id. 1/16 °/₀
id. 20, 1608ᶠ80, Commercy...... 31 id. id. 1/10 °/₀

Résultat : On devra trouver

fr. 3851,80 au solde créditeur.

Régler par la méthode directe et au moyen des nombres les

comptes d'armement et de désarmement qui suivent.

(¹) Emprunté au *Traité des comptes-courants* d'Hippolyte Vannier, traité dans

lequel le professeur pourra trouver d'excellents exercices pour ses élèves.

COMPTE D'ARMEMENT ET DE DÉSARMEMENT

En dehors des opérations de calcul auxquelles les comptes d'armement et de désarmement qui suivent donnent lieu, il n'est pas sans intérêt pour les jeunes gens qui se destinent au commerce d'étudier la moralité de ce compte, d'apprécier comment l'armateur établit sa comptabilité.

En général, chaque voyage de navire donne lieu à l'ouverture d'un compte distinct, compte ouvert par Doit et Avoir, portant intérêt et se réglant ainsi par compte-courant. L'intérêt du capital étant le premier bénéfice légitime du commerçant, on remarquera que presque toutes les opérations ayant une certaine importance, donnant lieu à une série de recettes et de dépenses échelonnées, se règlent en comptes-courants portant intérêts. Évidemment nous n'entendons pas dire que le commerçant règle par compte-courant la série de ses opérations journalières ; mais pour toutes les affaires spéciales, pour toutes celles qu'il traite avec la participation d'un tiers, et notamment dans l'armement où les affaires se scindent par chaque voyage de navire, chaque opération donne lieu à un compte-courant et d'intérêts.

Dans les comptes-courants d'armement et de désarmement qui suivent, l'armateur considère son navire comme un être moral, qu'il constitue son débiteur. Dès lors il le débite non-seulement de sa valeur approximée fr. 60000 , mais encore de toutes les réparations faites au navire, de ses approvisionnements de bord, des appointements de l'équipage, des frais d'assurances, etc., etc., en un mot de toutes les sommes déboursées pour lui (navire), et il le crédite de tout ce qu'il a pu encaisser, soit par la réalisation de matériaux provenant de réparations, soit comme fret et à quelque titre que ce soit.

En résumé, il résulte de la moralité des comptes-courants que nous examinons, que le navire qui devait à son propriétaire

fr. 60000 au 30 avril 1869,
en redoit 85021 au 15 juillet 1871,

d'où ressort un bénéfice de

fr. 25021 pour son 4ᵉ voyage.

Dans la comptabilité générale, on n'a point dû laisser cet être moral débiteur de ce bénéfice et on l'en aura déchargé en le rapportant au compte de profits et de pertes (¹).

(¹) Pour tous les termes de comptabilité employés dans ce volume, voir nos *Notions générales de Commerce et de Comptabilité.*

91.   4ᵉ Armement.

Doit.　　　　　　Navire """, capitaine J. C""", son compte-courant

Fr.	c.	Fr.	c.					
60000	»			Estimation du navire désarmé. Val.	30	Avril 1869	76	45xxxxx
				Carène, réparations et armement.				
		10	»	Journées pour caler le mât de perroquet................	5	Juin 1869	36	3xx
		1408	»	Compte Moulinié et Lahat(railway)	13	Juill.	»	2	2xxx
		405	»	Journées du Second............	20	»	»	5	2xxx
		14	95	Compte vaisselle..............	23	»	»	8	1xx
		60	»	— du serrurier............	24	»	»	9	9xx
		42	»	— librairie...............		»	»	9	
		119	»	Journées de gréeurs...........	26	»	»	11	1xxx
		60	»	Compte du maçon............	27	»	»	12	7xx
		39	»	— du poulieur............	29	»	»	14	5xx
		1210	»	— du peintre............	10	Août	»	26	31xxx
		109	»	— du quincailler..........	7	»	»	23	2xxx
		80	»	— du chaudronnier.........	12	»	»	28	2xxx
		107	»	— id.		»	»	28	2xxx
		2100	»	— du forgeron...........	13	»	»	29	6xxxx
		11750	»	— doublage............	17	»	»	33	
		930	»	— fournitures...........		»	»	33	40xxxx
		1409	»	— du cordier............	7	Sept.	»	54	7xxxx
		18	»	— tapis vernis...........	1	»	»	48	8xx
		4	»	— de l'opticien..........		»	»	48	
		34	»	— de l'horloger..........	2	»	»	48	3xxx
		36	65	— id.		»	»	49	
		80	»	— pavillons.............	8	»	»	55	4xxx
		84	45	— goudron.............	9	»	»	56	8xxx
		60	»	— pour un tramail.........		»	»	56	
		65	»	— mâturiers............	17	»	»	64	4xxx
		15000	»	— du charpentier.........	30	Juin	»	15	22xxxx
		355	»	— du ferblantier.........	16	Sept.	»	63	2xxxx
		732	85	— armurier.............	23	»	»	70	1xxxx
		140	»	— ferblantier............	24	»	»	71	9xxx
		520	10	— voilier...............	2	Juill. 1870	352	18xxxx
		71	83	— huile pyrogénée........	10	Oct. 1869	87	6xxx
		35	»	— l'horloger 3ᵉ armement...	2	Sept. 1869	49	1xxx
		200	»	— du menuisier	7	Oct.	»	64	1xxx
37080	10	727	25	Commission 2 °/₀ s/ 30504.85				
				Gages.				
		3330	»	Avances à l'équipage..........	10	Juill.	»	8	1xxxx
		29	85	Au courtier ; frais............	23	»	»	8	2xx
3420	85	67	»	Commission 2 °/₀ s/ 3359.85				
100515	05			A reporter (total des nombres noirs)				xxxxxxx

et d'intérêts à 6 °/₀ l'an, arrêté 15 Juillet 1869.　　　　　*Avoir.*

Fr.	c.	Fr.					
5011	»		Vieux doublage...........valeur	17	Août 1869	33	1xxxxx
5011	»		A reporter.........				

N. B. Dans la multiplication des capitaux par les jours, on augmentera le capital d'une unité chaque fois que le nombre dépassera 50.

Doit   Navire ***. Compte courant (*Suite*). **Avoir**

Fr.	c.	Fr.	c.						Fr.	c.	Fr.	c.		
100515	95	3330	»	Report				4xxxxxx	5011	»			Report.............	»
				Vivres.										
		1030	»	Pour 44 barriques vin d'Espagne.	15	Juill. 1869	xxxx	»						
		40	50	Compte du marchand bière......	27	»	»	12	4xx					
		6	»	— 6 barriques eau	14	»	»	1	6					
		314	30	— charbonnier........	19	»	»	4	1xxx					
		105	»	— marchand de bois.....	24	»	»	9	8xx					
		515	»	— légumes (vivres frais)....	2	Août	»	18	9xxx					
		360	06	— légumes secs	10	»	»	26	9xxx					
		9	80	— viandes (vivres frais)...	20	»	»	42	4xx					
		106	»	— pharmacien	27	»	»	43	xxxx					
		805	»	— salaisons...............	8	Sept.	»	55	4xxxx					
		39	80	— beurre.............	6	»	»	53	2xxx					
		27	75	— pain..............	7	»	»	54	1xxx					
		450	»	— conserves alimentaires....	14	»	»	61	2xxxx					
		1047	30	— biscuits		»	»	61						
		691	40	— farine...............	28	»	»	75	1xxxxx					
		679	70	— denrées coloniales.......	17	»	»	64	4xxxx					
		31	40	— 2 caisses vermouth.......	30	»	»	77						
		353	»	— cognac et vin de chambre..		»	»	77	2xxxx					
		478	»	— conserves alimentaires....	8	Oct.	»	85	4xxxx					
		239	»	— vins	31	»	»	108	2xxxx					
7496	01	146	40	Commission 2 % s/ 7349.61										
				Frais divers.										
		15	»	Pilotage Bordeaux à Lormont....	21	Mai	1869	53	8xx					
		87	50	Pour 35 tonneaux de lest	22	»	»	56	4xxx					
		80	»	Grattage du faux pont..........	25	»	»	59	4xxx					
		40	»	Dérivage du navire............	5	Juin	»	40	1xxx					
		370	85	Compte du bisseur.............	12	»	»	33	1xxxx					
		116	»	Dépenses à l'hôtel à Lormont....	22	Juin	»	23	2xxx					
		40	»	Remorquage en rade..........	24	»	»	25	2xxx					
		45	»	— de Lormont à Bordeaux....		»	»	25	1xxx					
		440	»	Compte du bisseur...........	24	Juill.	»	9	4xxx					
		13	40	— mouvements...........	3	»	»	12	1xx					
		85	»	— grattage.............	8	»	»	7	3xx					
		22	50	— frais divers............	13	»	»	2	4x					
		108	»	Registre maritime.............	17	»	»	2	2xx					
		100	»	Journées du gardien...........	20	»	»	5	5xx					
		76	20	Corps morts..............	22	»	»	7	5xx					
		481	55	Pilotage Bordeaux à la mer......	26	»	»	11	2xxx					
		40	»	Amarrage du navire...........	28	»	»	13	5xx					
		7	»	Compte sciage	7	Août	»	23	6xx					
		22	»	— commission	»	»	»	»	»					
105011	55	xxxx	xx	À reporter				4xxxxxx	5011	»			À reporter	»

Doit   Navire "". Compte courant (*Suite*).   *Avoir*

Fr. 106011	c 90	Fr. xxxx	c. xx	Report...	Report...			4xxxxxx
		650	»	Remorquage Bordeaux à la mer..	13 Août 1869	29		26xxx
		258	50	Au gardien	» p »	»		
		30	»	Arrimage	22 Sept. »	69		2xxx
		686	70	Compte courtage	19 Oct. »	96		6xxxx
3530	40	89	20	Commission 2 °/o s/ 3161.20				
				Commissions.				
		423	»	Assurances s/ corps 85000 1/2 °/o				
		70	50	— fret 30393 1/4				
1113	35	611	85	Commission d'afft. 30393 2 °/o				
54	40			Divers menos frais				
6xx	xx			Intérêts s/ balance des nombres				4xxxxxx
113320	30	10xxxx	xx	Solde débiteur à nouveau valeur..	13 Juill. 1869			

Fr. 5011	c. »	Fr.	c.	Report......		xxxxxxx
				Balance des nombres rouges ...		xxxxxxx
				Balance des nombres noirs.....		3xxxxxx
10xxxx	xx			Solde débiteur		
113320	30					

92. 4ᵉ Désarmement.

Doit   Navire ***, capitaine ***, son compte-courant

et d'intérêts à 6 %, l'an, arrêté au 15 Juillet 1871.   *Avoir*

Fr.	c.	Fr.	c.					
105309	36			Solde du 4ᵉ armement...... valeur	15	Juill. 1869	730	xxxxxxx
		27	50	Compte du liquoriste omis à l'armement..................	10	Déc. 1869	582	1xxxx
		136	09	Contributions foncières 1869......	30	Juin »	745	1xxxxx
		16	»	Frais pour l'armement..........	21	Janv. 1870	340	8xxx
		37	50	1/2 dépêche à Singapore..........	15	Juin »	395	1xxxx
		16	»	Timbre de traite..............	4	Avril »	467	7xxx
		153	05	Impositions de 1870............	30	Juin »	380	5xxxx
		25	35	Réclamations H... sur 3ᵉ voyage pour timbre et chaland au gouvernement, pour divers articles en double emploi au crédit du 3ᵉ voyage.............				
		1200	»	1 poney compris dans le compte de	31	Oct. 1869	257	1xxxxxx
		2744	»	Facture étoffes comprise dans le vente de 40204.15.........				
		1608	05	compte de vente C... de fr. 3930.18				
		91	20	Charrois des marchandises......				
6009	89	44	25	Pour une procuration à H	10	Janv. 1871	186	2xxx
				Dépenses en cours de voyage.				
		2446	80	à Batavia £ 984.80 à 2.15	30	Mai 1870	411	8xxxxxx
		842	70	à Sourabaya £ 397.50 à 2.12	8	Juill. »	372	3xxxxx
		2212	44	à Bangkok £ 395.08 à 5.60	31	Août »	318	7xxxxx
		2513	50	à Singapore £ 448.84 à 5.60	30	Juin »	377	5xxxxx
		6476	69	à Hong-Kong, £ 1 177.88 à 5.50	30	Sept. »	288	1xxxxxx
		1631	54	à Saigon £ 296.69 à 5.50	31	Oct. »	237	4xxxxx
		3000	50	à Bangkok £ 546.52 à 5.50	31	Déc. »	190	4xxxxx
		2439	63	à Hong-Kong £ 443.57 à 5.50	31	Mars 1871	100	1xxxxx
				à Falmouth et Liverpool £ 215.3.9 à 25.15	30	Juin »	15	8xxxx
30111	13	5435	90	à Saigon £ 614.80 à 5.50	31	Mai »	45	1xxxxx
		338	73					
				Désarmement.				
		218	85	Pilotage de la mer à Bordeaux....	22	Juill. 1871	7	1xxx
		250	»	Remorquage Pauliac à Bordeaux..	24	» »	9	2xxx
		51	80	Compte vivres frais...........	27	Juill. 1871	12	6xx
		357	20	— hissage charbon......	28	» »	13	
		60	»	Journées de hisseurs..........		» »	12	5xxx
		53	»	Commission s/ fret charbon.....	29	» »	14	7xx
		84	»	Journées de hisseurs..........	12	Août »	28	2xxx
		68	»	— du 2ᵉ capitaine.....	16	» »	32	2xxx
		100	»	— du 2ᵉ dᵒ.......	18	» »	34	3xxx
1204	35	24	80	Commission 2 % s/ 1230.85				
145755	06			A reporter...........			xxxxxxx

Fr.	c.	Fr.	c.					
		20057	18	Compte de fret à Batavia,				
				£ 6747.53 à 2.13	30	Mai 1870	411	8xxxxxx
		6187	49	à Soutabaya,				
				£ 2918.63 à 2.12	8	Juill. »	372	2xxxxxx
		2800	»	Avance s/ fret à Bangkok,				
				£ 500 à 5.60	31	Août »	318	8xxxxx
				Fret acquis à Singapore. 1260 »				
				Avances s/ fret H........ 400 »				
				Débarquement du lest... 20 »				
				Passage de 7 colis..... 35 »				
				Fret 7 caisses marchandises........... 5 »				
		9632	»	à 5.60 £ 1720 »	30	Juin 1870	380	3xxxxxx
				Fret acquis à Hong-Kong. 2592 08				
				1/2 Fret Hong-Kong à				
				Saigon .... 325 »				
		16013	04	à 5.60 £ 2917 08	30	Sept. »	288	4xxxxxx
		1787	50	Fret acquis à Saigon, £ 325 à 5.60	31	Oct. »	257	4xxxxx
		2800	»	Avance s/ fret à Bangkok,				
				£ 500 à 5.60	31	Déc. 1870	190	5xxxxx
75097	27	14889	16	Fret acquis à Hong-Kong,				
				£ 2707.12 à 5.50	31	Mars 1871	100	1xxxxxx
		145	61	Différence sur les changes des recettes et des dépenses. Valeur	13	Juill. 1871	époque	»
		10	»	Port d'une caisse pour Batavia....	20	» 1869	725	7xxx
		123	90	Compte de vente 20 caisses carreaux vernis..............	13	Sept. 1868	1033	1xxxxx
		8	70	Vente de nattes.............	3	Oct. 1871	80	4xx
		520	80	Compte de vente 14 caisses carreaux vernis £ 108.50 à 4.80....	30	Nov. 1871	138	7xxxx
	938	31	132	50	Vente articles parisiens.......	25	» 1870	232	3xxxx
		2828	70	Bénéfice pour fret sur riz.......	23	Juin 1871	22	6xxxxx
		5379	62	— s/ opération A.....	15	Juill. »	époque	
38755	82	5691	30	de W... pour fret charbon......	28	» »	13	6xxxx
144791	60			A reporter...				23460652

Arith. comm.

7

Doit   Navire ***, Compte

Fr.	c.	Fr.	c.	Report............				
xxxxx	xx	458	20	Frais d'un matelot laissé à l'hôpital à Saïgon $ 82.80 à 5.55......	20	Juin 1871	25	4xxxx
2720	57	2262	37	Perte sur sacs laissés chez M......	31	Déc. 1870	196	4xxxxx
				Gages.				
		13067	95	Dépassement de revue à la femme du maître................	8	Juill. 1871	7	1xxxxxx
		5984	70	Gages du capitaine				
		1953	45	Au courtier, invalides et frais....	26	» »	11	2xxxx
21420	20	414	10	Commission 2 %, s/ 20706.10......				
				Assurances.				
		2340	»	Corps de Bordeaux à Batavia et Sourabaya s/ 85000 à 2 ¾ %. Valeur	2	Févr. 1870	528	4xxxxx
		6802	50	Risques de Sourabaya décemb. 1869 s/ 85000 à 8 % l'an..........	8	Déc. 1870	219	1xxxxx
		766	80	Fret Bordeaux à Batavia et Sourabaya s/ 30893 à 2 ½ %........	19	Mars 1870	483	3xxxx
		132	»	Heureuse arrivée Sourabaya et Bangkok s/ 13000 à 1 %......	7	Déc. »	220	3xxxx
		90	20	Fret de Bangkok à Singapore s/ 7056 1 ¼ %................	2	Janv. »	194	4xxxx
		180	20	Fret de Singapore à Hong-Kong s/ 14256 1 ¼ %..........	7	Déc. »	220	3xxxx
		302	»	Fret de Bangkok à Hong-Kong s/ 20000 à 1 ½ %........	4	Mai 1871	75	2xxxx
		3102	50	Corps Saïgon en Angleterre et retour à Bordeaux 85000 4 %... ...				
		1202	»	Fret de Saïgon en Angleterre 40000 3 %	40	Nov. 1871	»	
13290	20	52	»	Fret de Liverpool à Bordeaux 5000 fr. 1 %				
				Commissions.				
				15000 heureuse arrivée, Sourabaya à Bangkok				
				7056 fret Bangkok à Singapore				
				14256 » Singapore à Hong-Kong				
				20000 » Bangkok à Hong-Kong				
				40000 » Saïgon en Angleterre				
				5000 » Liverpool à Bordeaux				
		283	30	101342				
xxxxx	xx	xxxx	xx	A reporter...........				xxxxxxx

courant *(Suite)*.   **Avoir**

Fr.	c.	Fr.	c.	Report..........		
114791	60					23460652
114791	60			A reporter.......		23460652

Doit   Navire, `***`. Compte

Fr.	c.	Fr.	c.			xxxxxxxx
xxxxxx	60	253	»	Report.		
		425	»	Assurance s/ corps 85000 Saïgon en Angleterre ¼		
		1226	»	Commission d'affrétement s/ 61312 2 %		
1904	55			Frais de correspondance et menus frais		
85	50					
11137	75			Intérêts s/ balance des nombres		
1500	»			Minimum de commission du capitaine		
199812	80					90737954
		8xxxx	xx	Solde du débiteur à nouveau, valeur au...............	15 Juill. 1871	

courant (*Suite*).   *Avoir*

Fr.	c.			xxxxxxxx
114791	50	Report.		xxxxxxx
		Balance des nombres rouges		6xxxxxxx
		Balance des nombres		
8xxxx	xx	Solde débiteur		
199812	80			90737954

AFFAIRE COMMERCIALE EN PARTICIPATION

Notre but n'étant pas seulement de former des calculateurs, mais encore d'initier les jeunes gens aux diverses opérations du commerce, de façon à leur faire mieux saisir le but et l'importance de l'étude dans laquelle nous les dirigeons, nous faisons ici précéder un compte d'achat et un compte de vente et le compte-courant qui clôture la *participation* à laquelle l'affaire a donné lieu, de la correspondance échangée entre les parties (¹). Nous croyons devoir commenter brièvement, en leur assignant un numéro d'ordre, celles des expressions contenues dans les lettres qui pourraient ne point être familières aux élèves.

1° Expédier un navire à *ordres* implique pour le destinataire la possibilité de lui assigner une nouvelle destination. Le port ainsi désigné au capitaine lors de son départ n'est point irrévocablement le port de débarquement. Dans l'espèce, bien que Belle-Isle soit indiqué comme lieu de destination, le capitaine a l'ordre de relâcher à Aden, où il sera fixé par dépêche sur son port de débarquement. Par la suite de la correspondance nous voyons que ce port a été Bordeaux.

La destination des navires, la nature de leur chargement étant publiées par les journaux et reproduites par toute la presse commerciale, il peut y avoir intérêt pour le commerçant à ne point faire connaître à l'avance l'arrivée d'une marchandise sur un point donné. L'expédition du navire à *ordres* peut encore avoir son utilité pour le cas de l'arrivée antérieure de navires portant les mêmes denrées, afin de ne pas provoquer l'avilissement des cours par un stock trop considérable sur une même place ; l'armateur ou le consignataire conserve alors la latitude de diriger le navire sur un autre marché.

(¹) Nous donnons plus loin, dans le même but, les lettres et les comptes relatifs à une affaire en *consignation*.

2° Par *consignation* il faut entendre l'envoi d'une marchandise dont le destinataire, dit dans ce cas *consignataire*, doit rechercher la vente sous le bénéfice d'une commission, au mieux des intérêts de l'expéditeur.

3° Les *aliments de fret*, c'est-à-dire des marchandises pour compléter la charge du navire.

4° Par *manifeste de la cargaison* il faut entendre le relevé, l'inventaire des marchandises embarquées. C'est un relevé des colis, de leur nature, de leurs poids et quantités.

5° En dehors de la consignation, le navire porte un lot de sucre qui donne lieu à l'établissement d'un compte d'achat ; cette opération devant se liquider de compte à demi entre l'expéditeur et le réceptionnaire, celui-ci établit de son côté le compte de vente et le compte-courant de la participation : ces opérations de compte à demi, dites encore *opérations en participation*, sont comme une espèce d'association faite entre deux ou plusieurs personnes en vue d'une affaire spéciale. Elles n'engagent les parties en regard l'une de l'autre que pour l'affaire qu'elles ont en vue et dans la proportion de leur participation. Tandis que les actes d'association doivent être faits sur papier timbré et enregistrés, les participations s'établissent sur papier libre, par un simple échange de correspondance relatant toutes les conditions de la participation.

Exercice. L'élève vérifiera les comptes d'achat et de vente, et le compte-courant auxquels a donné lieu l'affaire en participation.

Saint-Denis (Réunion) 6 décembre 1872.

Messieurs André Dumont et Cie.

BORDEAUX.

Nous avons l'avantage de vous annoncer que nous venons d'expédier le navire le *Tourny*, capitaine Langlois, en destination de Belle-Ile *à ordres*, à votre consignation.

Selon les instructions de votre dernière lettre, le capitaine relâchera à Aden, pour y être touché par votre dépêche qui doit modifier ses instructions, s'il y a lieu.

Le retard apporté à l'expédition de ce navire provient de ce que les aliments de fret ont manqué. Afin de compléter son chargement, nous avons mis à bord, selon nos conventions, 1600 balles de sucre à compte à demi entre nous. Indépendamment du manifeste de la cargaison, vous trouverez ci-jointe la facture à ces

1600 balles, s'élevant à fr. 64108 fr. 51. Au lieu de vous demander des couvertures pour cette somme, nous avons trouvé avantageux de fournir sur vous, le papier sur France faisant en ce moment 2 % de prime ; c'est un bénéfice net qui vient dégrever notre facture d'une bonne partie des frais. Veuillez noter nos dispositions comme suit :

$$\begin{array}{lr}
\text{Notre traite O/ J. Piganeau au 11 avril fr.} & 51645{,}60 \\
\text{id} \qquad \text{O/ A. Marcuard} \quad 11 \quad \text{id} & 11205{.}88 \\
\hline
 & 62851{,}48 \\
\text{Prime 2 \% sur 62851,48 (}^1\text{)} & 1257{,}03 \\
\hline
\text{Parité de notre facture fr.} & 64108{,}51
\end{array}$$

Nous avons divisé notre traite sur le désir de notre banquier, qui avait besoin de la plus faible pour faire un appoint. Vous voudrez bien réserver à notre signature votre accueil accoutumé.

Il nous a réussi d'acheter ces sucres à un prix relativement modéré, vu leur richesse saccharine et l'élévation de leur nuance. Vous pourrez en juger d'ailleurs par les échantillons que vous recevrez en même temps que cette lettre, échantillons qui ont été pris avec beaucoup de soin et qui représentent bien l'ensemble de ce lot.

Cette petite opération se présente donc sous de favorables auspices et nous espérons qu'elles nous sera sérieusement avantageuse.

Agréez nos cordiales salutations.

MURET frères.

(¹) La détermination de cette somme de fr. 62851,48 qui, augmentée d'une prime de 2 % ou de fr. 1257,03, doit solder ce montant de la facture, offre seule, dans le compte que nous allons établir, quelques difficultés au point de vue arithmétique. On y parviendra par le raisonnement suivant :

Sur une valeur de 100 fr. on obtient 2 fr. de prime ;

donc 102 fr. en espèces équivalent à 100 fr. au papier ;

$$1 \qquad \text{équivaut à} \quad \frac{100}{102}$$

$$\text{et } 64108{,}51 \qquad \text{équivalent à} \quad \frac{100 \times 64108{,}51}{102} \quad \text{ou } 62851{.}48.$$

On remarquera que ce raisonnement offre une certaine analogie avec ceux que nous avons faits sur l'escompte en dedans.

93. *Facture* de 1600 balles sucre, chargées sur le navire *Tourny*, capitaine *Langlois*, allant à Belle-Ile, à ordres, à l'adresse de MM. André Dumont et Cie, de Bordeaux, et de compte à 1/2 entre les dits sieurs et nous.

MF	550 B/ sucre pes^t brut 35750 kg. Tare 2^{k}50 par sac. 1375 net 34375, usine de la Ravine.					
T	550 B/ sucre pes^t brut 35750 Tare 2^{k}50 par sac. 1375 » 34375, usine La Rivière.					
R	500 B/ sucre pes^t brut 32500 Tare 2^{k}50 par sac. 1250 » 31250, usine Galante.					
	1600	100000^k	fr.	c.	fr.	c.
	à fr. 60 les 100 kg				60000	»
	FRAIS.					
	Dépôt et embarquement à 15 fr. par 1000^k sur 104000 .... 1560 »					
	Droits de sortie payés en douane sur....... 104000 brut Tare 4 % 4160					
	Net · 99840 à fr. 53 %, Soit fr. 52915,20 à 4 % et quit- tance.................... 2116,75					
	Total des frais payés au port de Saint-Pierre............... 3676,75					
	Commiss^n de paiement à Borie, de Saint-Pierre 1 %......... 36,76	3713	51			
	Courtage d'achat 1/2 % sur 60000	300	»			
	Frais de voyage et de séjour à Saint-Pierre du commis envoyé pour reconnaître les sucres......................	80	»			
	Transport des échantillons et expédition par la malle, flacons, timbre de connais- sements, ports de lettres et frais divers.	15	»	4108	51
	A déduire bénéfice du change sur mes traites 2 % sur fr. 62851,48................			1257	03
	Net fr....			62851	48
	Saint-Denis 6 décembre 1872.					
	Muret frères.					

Bordeaux, le 28 mars 1873.

Messieurs Muret frères, à Saint-Denis, Réunion.

Notre lettre du 28 avril dernier vous annonçait l'arrivée dans notre port du navire le *Tourny*, et la vente des 1600 balles de sucre en compte à 1/2 entre nous. Le départ de la malle ne nous permit pas de vous faire connaître les détails de cette opération ; nous venons le faire aujourd'hui.

Vous trouverez inclus

1° Un compte de vente aux 1600 balles ;

2° Un extrait du compte-courant que nous avons ouvert à cette opération.

Ce dernier se solde au crédit par fr. 140,90 dont la 1/2 fr. 70,45 est portée au crédit de votre compte chez nous, valeur 28 mai courant.

Les prévisions favorables que vous exprimiez dans votre lettre du 6 décembre dernier ne se sont pas réalisées. Nous déplorons ces tristes résultats, qui sont dus à de fâcheuses circonstances que nous n'avons pu dominer : la durée de la traversée, qui a dépassé d'un mois les délais ordinaires, l'état d'avarie de la cargaison, dont une partie s'est fondue, ainsi que vous pourrez le constater en comparant les poids de votre facture avec ceux trouvés ici.

Quand le navire est arrivé, les sucres avaient baissé depuis 15 jours de 2 fr. par % kilos. Si nous avions espéré une reprise, nous les aurions mis en magasin ; mais l'incertitude de la stabilité politique ne nous donnant pas cet espoir, nous avons préféré vendre au débarquement. Nous avons eu raison, et les dépêches vous annonçant le renversement de M. Thiers ont dû vous le prouver. Les sucres ont subi une nouvelle baisse de 2 fr. et les transactions menacent de devenir plus pénibles encore.

Nous serions heureux que de meilleures circonstances nous permissent de renouveler en commun des opérations plus favorables à nos intérêts.

Agréez, Messieurs, nos cordiales salutations.

ANDRÉ DUMONT et Cⁱᵉ.

94. *Compte de vente et net produit* à 1600 sacs sucres venus de la Réunion, par le *Tourny*, capitaine Langlois, à compte à 1/2 entre nous et MM. Muret frères.

		Fr.	c.	Fr.	c.
	SAVOIR :				
MT	550 sacs brut... ... . 35048 kg				
	Tare 8 % 2803,84				
	Réfaction pour hu-				
	midité........ 96 » 2899,84				
	Net......... 32148,16				
	à fr. 144,50 les 100 kg.	46454	09		
T	550 sacs brut............... 35468 kg				
	Tare 8 % 2837,44				
	Réfaction pour hu-				
	midité........ 83 » 2920,44				
	Net......... 32547,56				
	à fr. 144,50 les 100 kg.	47031	22		
R	500 sacs brut............... 32142 kg				
	Tare 8 % 2569,92				
	Réfaction pour hu-				
	midité........ 52 » 2621,92				
	Net......... 29502,08				
	à fr. 144,50 les 100 kg.	42630	50	136115	81
	A déduire, droits de douane,				
	Sur net 98145 kg. à fr. 63 les 100 kg...	61831	35		
	1/3 % au receveur..................	206	10		
	2 quittances......................	»	50	62037	95
				74077	86
	Escompte 2 1/4 %.....			1666	76
				72411	10
	FRAIS A DÉDUIRE :				
	Assurances maritimes sur fr. 70518, à				
	2 1/8 % police et taxe.............	1508	»		
	Prix d'éch^ons et dépêche à Aden (prorata).	18	20		
	Frais pour les ordres à Belle-Ile......	12	»		
	Permis de débarquement et droits de				
	statistique......................	161	80		
	Fret de la Réunion s/ 102640^k à fr. 60 le %₀	6158	40		
	Grue pour débarquer, rouleurs, gardien				
	et tente......................	382	45		
	Courtage de vente 1/4 % sur 136115 et				
	timbre du bordereau...............	342	10		
	Port de lettres et menus frais	12	»		
	Commission 1 % sur 74077..........	740	80	9357	25
	Net au crédit de l'opération..........		Fr.	63303	85

Valeur 17 avril 1873.

Bordeaux le 5 mai 1873.

ANDRÉ DUMONT et Cⁱᵉ.

Doivent

95. Sucres par le *Tourny*, en participation avec
arrêté au 28 mai 1873,

51645	60	Traite Muret frères acquittée valeur.....	11	1873 Avril	départ		
11205	88	d° d°	11	id.	id.		
61	47	202,37, balance des capitaux...........	28	Mai	47	95	»
140	90	Solde créditeur.				3688	»
63053	»					3783	»

MM. Muret frères et nous, c/ c/ et d'intérêts à 6 °/.,
chez André Dumont et Cie.

Avoir

63053	85	Net produit à 1600 B/ques par *Tourny* ...	17	1873 Avril	6	3783	»
63053	85					3783	»
140	90	Solde créditeur, valeur 28 mai 1873, dont la 1/2 pour MM. Muret et Cie.........				70	45
		et 1/2 pour nous....................				70	45
		S. E. ou O.				140	90

Bordeaux, le 28 mai 1873.

ANDRÉ DUMONT et Cie.

AFFAIRE EN CONSIGNATION

Par vapeur anglais
viâ Southampton.   Bordeaux, le 6 janvier 1869.

Messieurs P. Uriante et Cie, à Montevideo.

Messieurs,

Nous avons l'avantage de vous remettre sous ce pli un connaissement et une facture afférents à

PU et Cie n° 1/40
.M et Cie $\Big)$ 40 B/ques vin rouge bonne cargaison,

que nous vous consignons par le navire français l'*Océan*, capitaine
Paul, pour être vendues au mieux de nos intérêts et pour notre
compte à Montevideo.

Nous donnons ainsi suite à la promesse que nous avons faite à
votre sieur Uriarte quand, de passage à Bordeaux le mois dernier, il
nous a offert vos services.

Depuis longtemps nous désirons nous créer des relations sur
votre place ; nous sommes heureux d'en trouver l'occasion avec une
maison aussi honorable que la vôtre.

Vous remarquerez, messieurs, que le prix du fret s/ *Océan* est
à 10 $ et 10 %, par T^{au}, ce qui est assez cher ; il nous a été impos-
sible d'obtenir une diminution, le fret étant abondant s/ place en
ce moment. Le connaissement est à ordre, mais endossé par nous
à votre nom. L'*Océan* est sur son départ ; c'est nous qui fermons
le panneau ; c'est un fin voilier parfaitement commandé ; nous
espérons qu'il vous sera rendu promptement.

Nos 40 B/ques sont de bonne qualité, le vin est corsé et plein,
tel qu'on le désire chez vous ; le logement est parfait, les B/ques
sont à double fond et à 6 cercles de fer. La facture s'élève à
fr. 3320, y compris l'assurance maritime. Elle représente la valeur de la marchandise au cours de ce jour.

Nous vous prions de réaliser cette consignation à l'arrivée du
navire et de nous en remettre compte de vente le plus tôt possible.

Pour le net produit, vous nous le remettrez à l'échéance du compte de vente, ou plutôt, si vous croyez mieux faire, en papier sur Paris, à l'usance habituelle et au change le plus favorable au preneur.

Décidés que nous sommes à continuer nos consignations, nous ne nous mettons pas moins à votre disposition pour acheter à Bordeaux pour v/ compte les articles de notre industrie, tels que vins fins et ordinaires, eaux-de-vie, absinthe, vermout, bitter, etc., conserves alimentaires, riz, sucres, etc.

Et de plus, s'il vous plaisait, à titre de réciprocité, de nous expédier pour votre compte des produits de v/ colonie, tels que cuirs, laines, crins, suifs, etc., vous pouvez compter sur nos meilleurs soins pour vous procurer prompte et bonne vente.

Nous vous présentons, messieurs, nos salutations empressées.

A. H. Martre et Cⁱᵉ.

96. *Facture* à 40 B/ques vin, chargées par les soussignés et pour leur compte et risques dans le navire français *Océan*, capitaine Paul, allant à Montevideo et consignés à MM. P. Uriarte et Cⁱᵉ, dudit lieu.

PU et Cⁱᵉ
M et Cⁱᵉ } 40 B/ques vin rouge, bonne cargaison, foncé en
1/40 couleur.
B/ques neuves à double fond à 6 cercles de fer au prix de 320 fr. le tonneau ci fr. 3200

FRAIS

Port au quai et à bord à 3ᶠ,50 par tonneau 35
Courtage maritime à 2ᶠ par tonneau 20
Arrimage à 1ᶠ 10
Assurance maritime 1 1/4 °/₀ sur 4000 fr. plus timbre 2,50 52,50
Connaissements, lettres, faux frais 2.50 120

Fr. 3320

S. E. ou O.

Bordeaux, le 6 janvier 1869.

A. H. Martre et Cⁱᵉ.

Vapeur français *Gironde*.

Montevideo, le 6 avril 1869.

Messieurs A. H. MARTRE et Cⁱᵉ, à Bordeaux.

Messieurs,

V/ honorée du 6 janvier dernier, qui nous portait connaissance et facture à v/ consignation de 40 B/ques vin par *Océan*, nous étant parvenue le 28 mars, par suite d'un retard dans la marche du *packet* anglais ; nous n'avons pu y répondre plus tôt. Ce retard nous donne lieu de pouvoir vous annoncer l'arrivée du navire *Océan* et en même temps la vente de vos vins.

Nous vous remercions, messieurs, de la preuve de confiance que vous nous témoignez et nous nous empressons d'accueillir avec reconnaissance votre ouverture de rapports avec nous. Tous nos efforts tendront à donner à vos intérêts la meilleure issue. Vous pouvez compter sur notre dévouement et notre activité.

Bonne note est prise de vos offres de service sur la place de Bordeaux ; nous en profiterons à l'occasion, soit pour l'achat de vos produits, soit pour la vente des nôtres.

Le navire *Océan*, étant arrivé ici le 30 mars après une courte traversée, nous a délivré vos 40 B/ques de vin en bon état, sauf deux B/ques en état de coulage qui nous ont servi à ouiller le restant de la partie. Nous avons trouvé acquéreur au débarquement sur le môle même à 32 $ (piastres) la B/que et nous avons vendu de suite. C'est avec plaisir que nous vous remettons compte de vente montant à $ 994,46 valeur à 5 mois. On nous conseillait d'attendre quelques jours ; mais nous avons préféré réaliser avec un bénéfice certain que de temporiser pour courir la chance de 2 piastres de plus par B/que avec le risque de voir tomber les prix de 5 à 6 piastres si les prochaines nouvelles de Bordeaux indiquaient de fortes expéditions pour n/ port.

Nous pensons que vous nous approuverez.

Le change sur France étant de fr. 5,60 pour 1 $ pour bonnes signatures à 90 jours de vue, nous avons cru devoir escompter n/ compte de vente au taux de 9 °/₀ l'an pour vous faire profiter de cette circonstance favorable.

N/ vous remettons sous ce pli une traite de Bellanger et Cⁱᵉ de cette place sur le Comptoir d'Escompte de Paris à 90 jours de vue à v/ O de fr. 5305,64, balançant au change de fr. 5,60 n/ compte de vente de $ 994.26, selon bordereau de règlement au pied de la présente.

Ayez la bonté d'examiner nos chiffres, de nous en accuser le bien trouvé et de nous croire vos dévoués.

P. URIARTE et Cie.

Règlement du compte de vente précité de $ 994.26
Escompte de 5 mois à 9 % l'an   37.26
$ 957.
Notre commission de remise 1 %   9.57
$ 947.43

$ 947.43 à 5,60 = fr. 5305,61 traite de Bellanger et Cie, s/Comptoir d'Escompte de Paris à 90 jours de vue.

97. *Compte de vente, et net produit* à 40 B/ques vin rouge venues par navire français *Océan,* capitaine Paul, et vendues d'ordre et pour compte de MM. A. H. Martre et Cie, de Bordeaux, par P. Uriarte et Cie de Montevideo.

PU et Cie M et Cie 1 à 40	38	B/ques vin rouge vendues à Pablo Zumaran sur le môle (dépôt) à 32 $ (piastres)...............			$	c
					1216	»
	2	B/ques ouillage..............				
	40	B/ques.......................			1216	»
		FRAIS A DÉDUIRE	$	c.		
		Permis de débarquement........	»	30		
		Bateau et débarquer 10 T. à $ 0,90	9	»		
		Roulage s/ le quai de 40 b/ques à $ 0,05...................	2	»		
		Entrée et sortie du dépôt de 38 B/ à $ 0,20....................	7	60		
		Ouillage à l'entrée et à la sortie 38 B/à $ 0,10.................	3	80		
		Eslingage s/ 40 b/ques $ 0,07 1/2..	3	»		
		Tonnelier, réparations de quelques barriques 6 $...............	6	»		
		Fret sur 10 T. à 10 $ et 10 %....	110	»		
		Prime de l'or 5 % sur 110	5	50		
		Courtage 1/2 % sur 1216........	6	08		
			153	28		
		Intérêt s/ les frais ci-dessus à 5 %	7	66		
		Commission de vente et ducroire 5 % s/ 1216	60	80	221	74
		Net produit, *valeur à 5 mois de ce jour*		$	994	24

S. E. ou O.

Montevideo, 6 avril 1869.

P. URIARTE et Cie.

98. *Décompte de* N/ *opération* de l'envoi de 40 B/ques vin à Montevideo par navire *Océan* en janvier 1869, réalisée par MM. P. Uriarte en avril suivant.

				fr.	c.	fr.	c.
1868 Déc.	20	Achat de 10 tonneaux vin de Mont-Ferrand 1867, par entremise de Nicolas Courtier, à 280 fr. le tonneau.		2800	»		
		Réfactions d'usage sur ce compte		22	»	2778	»
		Vente du logement, soit 40 B/ques à 10 fr.				400	»
		Prix de ce vin nu..				2378	»
		Achat de 40 B/ques neuves à 15 fr.		600	»		
		Frais de manutention suivant livre de chai.		30	»		
		Frais d'entrée, de sortie, port à bord, embarquement, etc		40	»		
		Frais portés en facture..............		120	»	790	»
Déc. 1869 Mai	20 16	Net de nos débours, valeur de ce jour				3168	»(¹)
		Reçu ce jour de P. Uriarte et Cie de Montevideo une traite de Bellanger et Cie, à N/ O/ à 90 jours de vue en couverture de leur compte de vente aux 40 barriques ci-dessus sur le Comptoir d'Escompte de Paris, de fr.		5305	61		
		Timbre de ladite traite et frais d'acceptation. .... fr. 5,39 1/8 courtage de négociation... 6,63 90 jours d'escompte à 6 % l'an 79,57		91	59		
		Valeur de ce jour............ fr.		5214	02		
		Intérêt à 6 % du 20 décembre à ce jour sur 3168 fr. soit 147 jours				77	62
		Différence pour balance représentant le bénéfice net.................				1968	»
					Fr.	5214	20

(¹) Nous avons porté (page 111) cette facture à fr. 3320, pour faire figurer sur les livres un bénéfice d'industrie à sa sortie.

CALCULS AU MOYEN DES PARTIES ALIQUOTES

La méthode des *diviseurs fixes* que nous avons exposée plus haut peut être remplacée avec avantage par la méthode des *parties aliquotes*.

Une partie aliquote d'un nombre est une partie qui est contenue un nombre exact de fois dans ce nombre. Ainsi 4 est une partie aliquote de 12, 5 une partie aliquote de 30, etc.

Remarquons que si 100 fr. rapportent 6 fr. en 360 jours

$$100 \text{ fr.} \quad » \quad 1 \text{ fr. en } \frac{360}{6} \text{ ou } 60 \text{ jours}$$

nombre qui sert de *base* pour le calcul des intérêts à 6 $°/_0$ au moyen de ses parties aliquotes.

A 5 $°/_0$ la base est égale à $\frac{360}{5}$ ou à 72

» 4 1/2 $°/_0$ » $\frac{360}{4^1/_2}$ »   80

» 4 $°/_0$ » $\frac{360}{4}$ »   90

» 3 $°/_0$ » $\frac{360}{3}$ »   120

» 2 1/2 $°/_0$ » $\frac{350}{2^1/_2}$ »   144

» 2 $°/_0$ » $\frac{360}{2}$ »   180

Comme exemples nous allons nous servir de la base 90 pour en déduire, au moyen des parties aliquotes, l'intérêt des sommes du Doit du premier des comptes-courants ci-dessus.

1° Fr. 4604,75 pendant 90 jours.

A 4 $°/_0$ 100 fr. rapportent 1 fr. en 90 jours

»   4604 fr.   » $\frac{4604}{100} = 46,04$

2° Fr. 740,20 pendant 44 jours.

La base étant 90, on calcule, pour mémoire, l'intérêt de fr. 740,20 pendant 90 jours, puis pendant 30 jours, 10 jours, 2 jours, 2 jours, en tout pendant 44 jours.

En 90 jours 740 fr. rapportent fr. 7,40

» 30	»	le 1/3 de 7,40	»	2,46
» 10	»	le 1/3 de 2,46	»	0,82
» 2	»	le 1/5 de 0,82	»	0,16
» 2	»	»	»	» 0,16

En 44 jours   fr. 3,60

On souligne fr. 7,40 pour indiquer qu'ils ne doivent pas être compris dans le total des intérêts pour 44 jours.

3° 1950 fr. pendant 15 jours.

En 90 jours fr. 1950 rapportent   fr.   19,50

En 15   le $\frac{1}{6}$ de 19,50 = 3,25

4° Fr. 930,45 pendant 39 jours.

39 peut se décomposer en 30 + 6 + 3 qui sont des parties aliquotes de 90.

On trouve pour 90 jours   fr.   9,30

»	30	id	id	3,10
»	6	id	id	0,62
»	3	id	id	0,31

id   pour 39 jours   fr.   4,03 ou fr. 4,05

5° Fr. 120 pendant 29 jours.

En 90 jours fr. 120 rapportent fr. 1,20

» 15	»	» le 1/6	de 1,20	0,20
» 9	»	» le 1/10	de 1,20	0,12
» 5	»	» le 1/3	de 0,20	0,06

En 29   »   fr. 0,38 ou fr. 0,40

6° Fr. 1240,75 pendant 76 jours.

76 peut se décomposer en $45 + 15 + 15 + 1$

Pour 90 jours on trouve fr. 12,40

»	45	»	» »	6,20
»	15	»	» »	2,06
»	15	»	» »	2,06
»	1	»	» »	0,13

Pour 76 jours   fr. 10,45

La méthode des parties aliquotes trouve une de ses applications les plus utiles dans les calculs des nombres complexes qu'elle abrége considérablement, ainsi qu'on va en juger par quelques exemples empruntés partie à l'*Arithmetic for schools* by Barnard Smith, M.A., partie au *Treatise on arithmetic in theory and practice* by James Thomson, LL. D.

I. Trouver la valeur de 1296 objets à 16 sh. 10 1/2 d.

Il est évident qu'on peut obtenir le résultat en multipliant 16 sh. 10 1/2 d. par $1296 = £ 1093 . 10$

```
        sh     d
 £   »  . 16 . 10 . 1/2          1/2 d × 1296 =    648 d
                  1296           1296 × 10 = 12960
 £ 1093 . 10 .  0 .   0                       ───────────
                                              13608 d | 12
                                                 16   |───────
 1296                                            40   | 1134 sh
   16                                            48
 ──────                                           0 d
 7776
 1296
 ──────
 20736 sh + 1134 = 21870 sh | 20
                      187   |──────
                       70   | 1093 £
                       10 sh
```

Mais c'est là un moyen qui demande des calculs nombreux. L'emploi des parties aliquotes abrége beaucoup ces calculs, ou plutôt les remplace avantageusement par des calculs beaucoup plus simples.

A £ 1   la pièce 1296 objets valent £ 1296

　　　10 sh   la $\frac{1}{2}$ de 1296 £ 648

　　　5 sh   la $\frac{1}{2}$ de 648   324

　　　1 sh 3 d   le $\frac{1}{4}$ de 324   81

　　　7 $\frac{1}{2}$ d   le $\frac{1}{2}$ de   81   40 — 10

　　　　　　　　　　　　Total   £ 1093 — 10

II. Quel est le prix de 479 cwt de sucre à £ 4.9.6 par cwt (quintal) ?

A 1   £ le cwt, 479 cwt valent £   479

id 4 £ $479 \times 4 = £$ 1916

id 5 sh   id $\frac{1}{4}$ de £ 479   119.15

id 4 sh   id $\frac{1}{5}$ de £ 479   95.16

id 6 d   id $\frac{1}{10}$ de £ 119. 15   11.19.6

　　　　　　　Réponse   £ 2143.10.6.

III. Trouver la valeur de 84 cwt (¹), 3 qrs, 14 lbs de sucre à £ 12.11 sh. 8 d. par cwt.

　　　　　Le cwt = 4   quarts,   qrs.
　　　　　le qr = 28 livres,   lbs.

Le cwt valant   £ 12.11.8

84 cwt valent   £ 12.11.8 × 84 = £ 1057.0.0
  2 qrs   1/2 de £ 12.11.8   6.5.10
  1 qr   1/2 de £ 6. 5.10   3.2.11
 14 lbs   1/2 de £ 3. 2.11   1.11.5 1/2

　　　　　　　　　　£ 1068.0.2 1/2

(¹) Nous rappelons que cwt est le signe représentatif du hundred-weight, qui pèse un peu plus de 50 kilos (50 k. 78246).

EXERCICES.

99. Que coûtent 647 yards de toile à 3 sh 9 d le yard ?

2 sh 6 d = 1/8 de £ 1,
1 sh 3 d = 1/2 de 2 sh. 6 d.

Réponse : £ 121.6.3

100. Trouver le prix de 247 cwt (quintaux) de grain à £ 1. 5 sh par cwt.

Réponse : £ 308.15 sh.

101. Quel est le prix de 195 lbs (livres) de raisins à 1 sh. 3 d la lb ?

$$1 \text{ sh. } 3 \text{ d} = \frac{1}{16} \text{ de } £.$$

Réponse : £ 12.3 sh. 9 d.

102. Déterminer le prix de 165 $\frac{7}{8}$ cwt de marchandises à £ 2. 5 sh. 6 d le cwt.

On cherchera d'abord le prix de 165 cwt à £ 2. 5 sh. 6 d. et on y ajoutera le prix de $\frac{7}{8}$ de cwt.

Réponse : £ 377.7.3 $\frac{3}{4}$.

103. Quelle est la valeur de 37 yards (yds) 2 feet (ft) 7 inches (in) de soie à 5 sh. 3 $\frac{1}{2}$ d. le yard (')?

Le yd = 3 ft (pieds).
Le ft = 12 in (pouces).

Réponse : £ 9.19.6 $\frac{1}{2}$.

On trouvera de nombreux exercices sur les parties aliquotes, au chapitre intitulé *Practice*, des deux livres indiqués plus haut.

_____

(¹) Le yard est une mesure de longueur de 0ᵐ,91438.

ESCOMPTE EN DEDANS

Nous avons vu plus haut que l'escompte d'un effet de commerce peut se calculer de deux manières, et nous avons fait remarquer que la manière de calculer l'escompte étant, avant tout, chose de convention, il n'y avait pas lieu d'examiner lequel des deux escomptes est le plus équitable.

Toutefois, pour l'intelligence des exemples qui suivent, besoin est d'établir en quoi, *au point de vue mathématique*, l'*escompte en dedans* est plus rationnel que l'*escompte en dehors*.

Dans l'escompte en dehors l'intérêt est prélevé sur la *valeur nominale* de l'effet, tandis que, pour être mathématiquement fondé, il devrait être prélevé, comme dans l'*escompte en dedans*, sur sa *valeur actuelle*, c'est-à-dire sur sa valeur nominale déduction faite de l'intérêt lui-même. Il est évident que cet intérêt ou retenue au profit de l'escompteur ne devrait porter que sur le montant de ses avances et que, prendre l'intérêt de la valeur nominale d'un effet non échu, c'est, au préjudice du présenteur, toujours au point de vue mathématique, prélever, en sus de l'*escompte vrai*, l'intérêt de l'escompte pendant le nombre de jours qui restent à courir jusqu'à l'échéance.

Un exemple achèvera de faire comprendre la différence qui existe entre les deux escomptes.

Sur un effet de fr. 1050, par exemple, *escompté en dedans* à 5 %, la retenue au profit de l'escompteur serait de 50 fr. représentant l'*intérêt de ses avances*, c'est-à-dire de 1000 fr.

Sur le même effet *escompté en dehors* au même taux, la retenue serait de 52 fr. 50, représentant l'*intérêt de fr.* 1050, *sa valeur nominale*, soit 50 fr. intérêt de 1000 fr. et 2,50 intérêt de l'intérêt.

EXEMPLES.

I. Escompter *en dedans* à 6 % un billet de fr. 1240 payable dans 120 jours (année de 360 jours).

Solution. L'escompte de 100 fr. pour 120 jours étant de $\frac{6 \times 120}{360}$ ou 2 fr., une somme de 102 fr. payable dans 120 jours ne vaut aujourd'hui que 100; c'est donc .

Sur 102 fr. payables dans 120 jours qu'il faut prélever 2 fr.

sur 1 fr. il faudra prélever $\frac{2}{102}$

sur 1240 fr.   » $\frac{2\times1240}{102}=24,31$

à retrancher de 1240 fr. = fr. 1215,69, valeur du billet escompté.

II. Escompter *en dedans* à 5 %/$_0$ une somme de £811 11 sh 3 d payable dans 100 jours (année de 365 jours).

Solution. L'intérêt de £ 100 pour 100 jours est de $\frac{5\times100}{365}=\frac{100}{73}$.

Donc pour $100+\frac{100}{73}$ ou $\frac{7400}{73}$ de £, l'escompte est de $\frac{100}{73}$.

$$\text{pour}\quad \begin{array}{c} \frac{1}{73} \\ 73 \\ 73 \end{array}\qquad \begin{array}{c} \frac{100}{73\times7400} \\ \frac{100\times73}{73\times7400} \end{array}$$

$$£\ 811.11.3 \qquad \frac{100\times73\times£\ 811.11.3}{73\times7400}$$

ou $\frac{100\times£\ 811.11.3}{7400}=£\ 10.19.4$

à retrancher de £ 811.11.3 = en arrondissant £ 800.12 sh.

$$\begin{array}{ccc} £ & \text{sh} & \text{d} \\ 811 & . 11 & . 3 \end{array} \Big|\ 74$$

$$\begin{array}{r} 71 \\ \times\ 20 \\ \hline 1420 \\ +\ 11 \\ \hline 1431 \\ 691 \\ 25 \\ \times\ 12 \\ \hline 50 \\ 25 \\ \hline 300 \\ \times\ 3 \\ \hline 303 \\ 7 \end{array}\qquad \Big|£\ 10.19.4$$

Comme vérification, on cherchera l'intérêt à 5 %/$_0$ pour 100 jours de £ 800.12 sh, valeur actuelle de £ 811.11.3 payables dans 100 jours. On devra trouver £ 10.19.4.

104. Compte d'Achat et de Revient à 100 balles coton Surate-broach, achetées à Liverpool et expédiées au Havre.

	£	sh	d		£	sh	d
100 balles coton Surate-broach, pesant cwt 362 . 3 . 27							
Tare 15 ℔ par balle } 15 . 0 . 20							
Don 15 ℔ par balle }							
Net cwt 347 . 3 . 7 soit 38935 ℔ à 5 d. par ℔	811	11	3				
(A.) Escompte de 100 jours à 5 °/₀ sur £ 811 . 11 . 3 . (Escompte en dedans) (¹)	10	19	3		800	12	»

FRAIS A LIVERPOOL.

	£	sh	d		£	sh	d
Courtage d'achat 1/2 °/₀ sur £ 811 . 11 . 3	4	1	2				
Réception, marquage, pesage, raccommodage et expédition	4	16	7				
Certificat d'origine	»	5	6				
Timbre de change, télégraphe, ports de lettres et menus frais	2	»	»		11	3	1
Commission d'achat 2 °/₀					16	4	9
				£	827	19	1
Remboursement au change de fr. 25,25 par £				Fr.	20907		

FRAIS AU HAVRE.

	fr.	c.		fr.	c.
Fret sur 18366ᵏ à 25 sh et 15 °/₀ par tonne de 1015ᵏ, fr. 25,40 et 5 °/₀, frais de tonte.	701	20			
Permis, port en magasin, voiliers pour échantillonner, arrimage, magasinage d'un mois, livraison et menus frais	100	»			
Assurance maritime sur fr. 22997 à 3/8 °/₀ et police	87	75			
id contre le feu sur fr. 23386 à 1/2 °/₀₀	11	95			
Escompte à la vente 2 °/₀					
Perte d'intérêts 1/2 °/₀					
Courtage de vente 1/4 °/₀					
Commission de vente 2 °/₀					
Ensemble 4 3/4 °/₀ sur fr. 22895,40.	1087	50		1988	40
			Fr	22895	40

(¹) Année de 365 jours.

105. Compte d'Achat et de Revient à 200 balles de coton Jumel expédiées de Liverpool au Havre.

Désignation	£	sh	d	£	sh	d
200 balles coton Jumel, pesant brut.......... cwt 933 . 0 . 4						
Don 1 ℔ par balle....... 1 . 3 . 4						
cwt 931 . 1 . 0						
Tare 18 ℔ par balle....... 32 . 0 . 16						
Net cwt 899 . 0 . 12 à 10 d. par ℔.				4195	16	7
(A) Escompte de 100 jours à 5 % l'an, sur £ 4195 . 16 . 7 (escompte en dehors) [1]				58	5	5
				£4137	11	2
FRAIS A LIVERPOOL.						
Permis, timbre, frais de dock et de ville......	5	»	»			
Réception, raccommodage, pesage, marquage, transport et embarquement......	14	10	5			
Courtage 1/2 %....	20	19	»			
Connaissements, ports de lettres et menus frais.	2	5	»	42	14	5
				4180	5	7
Commission, 2 %......				83	12	»
				4263	17	7
Remboursement au change de fr. 25 pour £ 1.				Fr. 106597	»	
FRAIS AU HAVRE.						
Fret sur 47391 kg. bruts à 30 sh. et 15 % par 101¼ kg . £ 80 . 12 . 5 à fr. 25.40 et 5 %, frais de tente....	2150	15				
Permis, frais au débarquement, port en magasin, voiliers pour échantillonner, arrimage, magasinage d'un mois, livraison et menus frais..	415	»				
Assurance maritime sur fr. 117250 à 3/8 % et police.	441	20				
Assurance contre le feu sur fr. 120262 à 1/2 %...	60	15				
Escompte à la vente 2 %						
Perte d'intérêts 1/2 %						
Courtage de vente 1/4 %						
Commission de vente 2 %						
Ensemble 4 3/4 % sur fr. 115132,30....	5468	80		8335	30	»
				Fr. 115132	30	

(1) Année de 360 jours

EXERCICES.

Vérifier les deux comptes d'achat précédents qui contiennent, le premier, une application (A) de l'escompte en dedans, et le second, de l'escompte en dehors.

Ces deux comptes sont empruntés au *Commerce du Globe*, par H. L. Muller du Havre, excellent recueil, dans lequel le professeur pourra puiser les éléments de nombreux devoirs pour ses élèves.

RÈGLE DE SOCIÉTÉ

La *règle de société*, qui n'est qu'un cas particulier de la règle de partage proportionnel, est ainsi nommée parce qu'elle sert généralement à partager entre des associés les pertes ou les gains de leur société, proportionnellement à la mise de chacun d'eux et au temps pendant lequel cette mise est restée dans la société.

I. Trois personnes se sont associées pour faire un commerce dans lequel la première a mis 10000 fr., la seconde 15000 fr. et la troisième 20000. Au bout d'un certain temps, la société a réalisé un bénéfice de 9000 fr. Quelle part revient-il à chacun des associés ?

Solution. Avec $10000 + 15000 + 20000$, c'est-à-dire avec 45000 fr. on réalise un bénéfice 9000 fr.

avec 1 fr. on réalise un bénéfice de $\dfrac{9000}{45000}$

» 10000 fr. » $\dfrac{9000 \times 10000}{45000} = 2000$

» 15000 fr. » $\dfrac{9000 \times 15000}{45000} = 3000$

» 20000 fr. » $\dfrac{9000 \times 20000}{45000} = 4000$

Total fr. $\overline{9000}$

II. Trois personnes ont formé un capital de la manière suivante : la première a donné 1000 fr. pour 10 mois, la seconde 5000 fr. pour 3 mois, la troisième 4000 fr. pour 5 mois. Le capital général ayant rapporté 9000 fr., dire quelle part revient à chacun des capitalistes.

Solution. 1000 fr. en 10 mois rapportent autant que
                    10 fois 1000 fr. ou 10000 en 1 mois
5000 fr. en 3 mois autant que 3 « 5000   »   15000   »
4000 fr. en 5   »   5 « 4000   »   20000   »

La question est donc ramenée à partager, comme dans le problème précédent, 9000 fr. en parties proportionnelles aux nombres 10000, 15000, 2000. (Voir le raisonnement du problème précédent.)

EXERCICES SUR LA RÈGLE DE SOCIÉTÉ.

106. Trois personnes se sont associées pour faire un commerce dans lequel la première a mis 2000 fr. la seconde 3500, la troisième 2500, et il a été convenu que la première prélèverait 2000 fr. par an à titre d'indemnité de gérance. Au bout de 2 ans, les bénéfices s'élevant à 20000 fr., quelle part revient à chacun des associés ?

Réponse : 1er 8000, 2e 7000, 3e 5000

107. Dans une faillite qui ne donne à l'actif du débiteur que 9000 fr., cinq créanciers sont impliqués pour les sommes suivantes : le premier 12500, le second 14500, le troisième 5600, le quatrième 7650, le cinquième 4750 ; quelle part revient à chacun ?

Réponse : 1er 2500, 2e 2900, 3° 1120, 4° 1530, 5° 950.

108. Trois personnes ont formé un capital de la manière suivante : la première a mis £ 2000 pendant 10 mois, la deuxième £ 3000 pendant 12 mois et la troisième £ 4000 pendant 15 mois, et il a été convenu que le troisième associé prélèverait pour indemnité de gérance £ 5.4 sh. par mois. Au bout de 15 mois les bénéfices réalisés s'élèvent à £ 5878 ; quelle part revient à chacun des associés ?

Réponse : 1er £ 1000, 2° £ 1800, 3° £ 3078.

RÈGLE D'ÉCHÉANCE COMMUNE

I. On voudrait remplacer un billet de 600 fr. payable dans 30 jours et un billet de 800 fr. payable dans 40 jours par un billet de 1400. Déterminer l'échéance commune de ces deux billets.

Disposition des calculs.

$$600 \times 30 = 18000$$
$$800 \times 40 = 32000$$

1400	50000	1400
	8000	35
	1000	

Solution. Un billet de 600 fr. payable dans 30 jours, présenté à l'escompte, subirait la même retenue qu'un billet 30 fois plus fort ou de 18000 fr. payable dans 30 fois moins de temps ou dans 1 jour.

Un billet de 800 fr. payable dans 40 jours subirait la même retenue qu'un billet 40 fois plus fort ou de 32000 fr. payable dans 1 jour.

Donc 18000 fr. + 32000 fr. ou 50000 fr. payables dans 1 jour subiraient la même retenue que les deux billets.

Ainsi, pour que 50000 fr. subissent à l'escompte la même retenue que celle des deux billets, il faudrait que ces 50000 fr. fussent payables dans 1 jour.

Pour que 1 fr. subît ce même escompte, il faudrait qu'il fût payable dans 50000 fois plus de jour ou 1×50000.

Et enfin pour que 1400 fr. subissent cette même retenue, il faudrait qu'ils fussent payables dans 1400 fois moins de jours ou $\frac{1 \times 50000}{1400} =$ environ 36 jours.

Il résulte de là qu'un billet de 1400 fr. à 36 jours de date a la même valeur que les deux billets à remplacer.

II. Sur un billet de 500 fr. payable dans 60 jours on donne un à-compte de 200 fr. A combien de jours de date devra-t-on solder le reste ?

La retenue faite sur un billet de 500 fr. présenté à l'escompte et payable dans 60 jours serait la même que la retenue faite sur 1 fr. payable dans 500 fois plus de jours ou 60×500, et que celle des 300 fr. (qui restent à payer sur les 500 à 30) dans 300 fois moins de temps ou $\frac{60 \times 500}{300} = 100$ jours.

EXERCICE SUR LA RÈGLE D'ÉCHÉANCE COMMUNE.

109. Régler l'échéance commune des sommes suivantes, payables

457,75	au　15	septembre 1873
420,10	13	février　　1874
198,35	16	id
906,40	12	mars
59,40		id
928,40	4	avril
2063,20		id

On remarquera qu'en partant du 15 sept. 1873 on a à faire l'échéance moyenne de fr. 457,75 payables dans　0　jour

420,10	151 jours
198,35	154 etc.

En opérant comme dans le 1er problème d'échéance moyenne expliqué plus haut, on devra trouver 173 jours, ce qui porte l'échéance commune de toutes ces sommes au 7 mars.

RÈGLE DE MÉLANGE ET D'ALLIAGE

La *règle de mélange* a pour but de trouver :

1° *Le prix moyen de l'unité d'un mélange*, les quantités de substances mélangées et leurs prix respectifs étant connus ;

2° *Les proportions* dans lesquelles différentes substances de prix donnés doivent être mélangées pour arriver à un prix déterminé.

La *règle d'alliage* n'est qu'un cas particulier de la règle de mélange. Elle a généralement pour but soit de faire connaître le *titre* moyen d'un alliage, soit de déterminer les proportions dans lesquelles différents métaux doivent entrer pour obtenir un titre déterminé.

On entend par *titre d'un alliage* les diverses proportions dans lesquelles on allie l'or, l'argent, etc., au cuivre, à l'étain, etc. Ce titre est plus ou moins élevé selon que l'alliage contient plus ou moins de métal précieux.

EXEMPLES.

I. On mélange 120 hectolitres de vin à 30 fr. et 100 hectol. à 40 fr. ; quel est le prix de l'hectolitre du mélange ?

Solution. 120 hectolitres à 30 fr. $= 3600$
100   40 $= 4000$

Donc   220 hectolitres du mélange $= 7600$

1                        $= \frac{7600}{220} =$ fr. 34,55

II. On allie deux lingots d'or, le 1er de 300 gr. au titre de 800 millièmes de fin, le 2e de 400 gr. au titre de 900 millièmes de fin ; quel est le titre du lingot obtenu ?

ARITH. COMM.

9

Solution.

300 gr. d'or au titre de 0,800 contiennent

$$300 \times 0,800 = 240 \text{ gr. de fin}$$

400 gr. »   »   0,900 contiennent

$$400 \times 0,900 = 360 \text{ gr. de fin}$$

____

700 gr. d'or du nouveau lingot contiennent   600 gr. de fin

1 »   »   contient $\frac{600}{700} = 0$ gr. 857 $\frac{1}{7}$

Ce lingot est donc au titre de 0,857 $\frac{1}{7}$.

III. Combien faut-il ajouter d'eau à 40 litres de vin à fr. 0,60 pour ramener son prix à fr. 0,50 ?

Solution. 40 litres de vin à fr. 0,60 = 24 fr. = x litres à 0,50; d'où $x = \frac{24}{0,50} = 48$ litres.

C'est donc 8 litres d'eau qu'il faut ajouter.

IV. Combien faut-il ajouter de cuivre à 100 gr. d'or à 0,800 pour les ramener à 0.700 ?

Solution. 100 grammes d'or à 0,800 contiennent 0,800 × 100 = 80 gr. d'or fin = x gr. à 0,700 ou $x \times 0,700$; d'où $x = \frac{80}{0,700}$ 114 $\frac{2}{7}$ grammes.

C'est donc 14 $\frac{2}{7}$ gr. de cuivre qu'il faut ajouter.

V. Dans quelle proportion faut-il mélanger du vin à 30 fr. et à 48 fr. l'hectolitre pour que le mélange revienne à 32 fr. ?

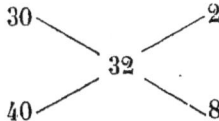

Solution. Le vin acheté 30 fr. et vendu 32 donne 2 fr. de gain par hectolitre.

Le vin acheté 40 fr. et vendu 32 donne 8 fr. de perte.

Pour qu'il y ait compensation de gain et de perte, il faut mélanger 8 hectolitres à 30 fr. et 2 hectolitres à 40 fr.

En effet sur 8 hect. à 30 fr. on gagne 8 fois 2 fr. ; et sur 2 hect. à 40 fr. on perd 2 fois 8 fr. ; il y a donc compensation de gain et de perte.

VI. Dans les conditions du problème précédent, combien faut-il mélanger d'hectolitres de chaque sorte pour obtenir 200 hectolitres à 32 fr?

Solution. Nous venons de voir qu'il faut pour que le mélange revienne à 32 fr. les mélanger dans la proportion

$$
\begin{aligned}
\text{de} \quad & 8 \ \text{hectolitres à 30 fr.} \\
\text{et de} \quad & \underline{2} \ \text{hectolitres à 40 fr.} \\
\text{Total} \quad & \overline{10} \ \text{hectolitres à 32.}
\end{aligned}
$$

Or, si sur 10 hectolitres il faut en prendre 8 à 30 fr.

$$
\begin{aligned}
\text{sur 1} \quad & \text{»} \quad & \text{»} \quad & \frac{8}{10} \quad \text{»} \\
\text{et sur 200} \quad & \text{»} \quad & \text{»} \quad & \frac{8 \times 200}{10} = 160.
\end{aligned}
$$

Le mélange devra donc se composer de 160 hectolitres à 30 fr. et de 200—160 ou 40 à 40 fr.

VII. A 300 hectolitres de vin à 70 fr. l'hectolitre, combien faut-il ajouter d'hectolitres de vin à 60 fr. pour que le mélange revienne à 63 fr. l'hectolitre ?

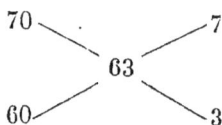

$$
\begin{matrix}
70 \searrow & & \nearrow 7 \\
 & 63 & \\
60 \nearrow & & \searrow 3
\end{matrix}
$$

Solution. En raisonnant comme nous l'avons fait plus haut on trouverait qu'à

$$
\begin{aligned}
& \text{3 hectolitres à 70 fr. il faut ajouter 7 hect. à 60 fr.} \\
\text{et qu'à } & 300 \quad \text{»} \qquad 70 \ \text{fr.} \qquad \text{»} \qquad x \qquad 60 \ \text{fr.}
\end{aligned}
$$

d'où $\qquad x = \dfrac{7 \times 300}{3} = 700$ hectolitres à 60 fr.

VIII. Quelle quantité d'or fin faut-il ajouter à un lingot d'or pesant 20 grammes au titre de 0,850 pour l'amener au titre de 0,900 ?

$$
\begin{array}{ccc}
850 & & 50 \\
 & 900 & \\
1000 & & 100
\end{array}
$$

Si on a bien compris ce qui précède, l'inspection du tableau ci-dessus montrera que, pour que l'alliage soit au titre de 0,900, à 100 gr. d'or à 850 millièmes il faut ajouter 50 gr. à 1000 millièmes.

Donc à 1 gr. à 0,850 il faudra ajouter $\frac{50}{100}$ à 1000 millièmes

et à 20 gr. »   » $\frac{50 \times 20}{100} = 10$ grammes de fin.

20 gr. à 0,850 contiennent $0,850 \times 20 = 17$ gr. d'or fin
10 gr.   1000   » $= 10$ gr.

30 gr. du nouveau lingot contiennent   27 gr. de fin
1   »   »   » $\frac{27}{30} = 0$ gr. 900

IX. A quel titre doivent être les 10 ℔ (livres) d'or qu'il faut ajouter à 15 ℔ au titre de 0,900 pour obtenir 25 ℔ à 800 millièmes ?

Solution. 25 ℔ à 0,800 contiennent 20 ℔ d'or fin
15 ℔ à 0,900   »   13,5   »

les 10 ℔ doivent donc contenir   6,50 d'or fin.
et 1 ℔   »   »   0,650   »

X. A combien de litres à 54° équivalent 21111 litres de tafia à 55°.

Solution : 21111 litres à 55° équivalent à 55 fois 21111 litres à 1° et à x litres à 54°.

$$
\text{ou à } \frac{55 \times 21111}{54} = 21501.
$$

EXERCICES SUR LA RÈGLE DE MÉLANGE ET D'ALLIAGE (¹).

110. Quel est le prix moyen de 50 bouteilles de vin à 22 Neugroschen, 25 bouteilles à 18 Ngr, 20 à 12 Ngr et 100 à 10 Ngr?

Réponse : 93 Thalers.

111. A quel titre serait un lingot formé de 8 ℔ d'argent fin et de 4 ℔ de cuivre ?

Réponse : A 666 2/3.

112. On mélange 1 ℔ de marchandise à 9 Neugroschen, 1 ℔ à 12 Ngr, 1 ℔ à 15 Ngr, 1 ℔ à 20 Ngr; quelle est la valeur moyenne d'une livre de cette marchandise ?

Réponse : 14 Ngr.

113. Dire quel a été en Angleterre, de 1842 à 1846, le prix moyen de la ℔ (livre) de thé, sachant que

En 1842 la consommation a été de 28 816 882 ℔ à 4 sh. 1 1/4 d la ℔
— 1843   —   —   30 863 607 — 3 sh. 10 1/4 d —
— 1844   —   —   31 691 647 — 3 sh. 10 3/4 d —
— 1845   —   —   33 726 197 — 3 sh. 8 1/4 d —
— 1846   —   —   35 351 376 — 3 sh. 4.

Réponse : Le prix moyen de la livre a été de 3 sh 9 d.

114. Dans quelle proportion faut-il mélanger des vins à 24 Ngr et à 11 Ngr le litre pour obtenir du vin à 15 Ngr ?

Réponse : 4 à 24 Ngr et 9 à 11 Ngr.

115. Dans quelle proportion faut-il ajouter de l'argent fin à un lingot au titre de 0,72 pour atteindre le titre de 0,83 1/3 ?

Réponse : Dans la proportion de 34 parties d'argent fin pour 38 au titre de 0,72.

116. Combien faut-il ajouter de cuivre à de l'or au titre de 850 pour obtenir le titre de 700 millièmes ?

Réponse : A 14 parties au titre de 0,850 il faut ajouter 3 parties de cuivre.

(¹) Empruntés à l'*Arithmétique Commerciale* (*Kaufmännischen Arithmetik*) du Dʳ Carl Gustav Odermann.

117. A 3 ℔ 1/2 d'or au titre de 900 millièmes, combien faut-il ajouter d'or à 700 millièmes pour obtenir un alliage de 0,875?

Réponse : 1/2 ℔.

118. Combien de cuivre faut-il ajouter à 3 ℔ d'argent au titre de 875 millièmes pour obtenir de l'argent à 750 millièmes?

Réponse : 1/2 ℔.

119. A quel titre doivent être les 6 ℔ d'argent qu'il faut ajouter à 4 ℔ à 900 millièmes pour obtenir 10 ℔ à 0,750?

Réponse : A 600 millièmes.

LIVRE III

OPÉRATIONS DE BOURSE ET DE BANQUE

OPÉRATIONS DE BOURSE.

Les Etats, comme les simples particuliers, usent du crédit et contractent des *emprunts*. Le capital qui leur est ainsi prêté constitue la *Dette publique*. En échange du capital qui lui est fourni, l'Etat délivre des *titres d'inscription au Grand-Livre*. Ces titres sont *nominatifs* ou *au porteur*, imprescriptibles et insaisissables.

La transmission de ces titres s'opère par voie de transfert et par l'intermédiaire d'*agents de change*, ou par mutation par le ministère des notaires.

Le Grand-Livre, c'est la collection des registres sur lesquels chaque créancier de l'Etat a son compte ouvert par Avoir et Doit.

L'intérêt servi par le Trésor aux créanciers de l'Etat porteurs d'inscriptions au Grand-Livre s'appelle *rente*. Ces inscriptions au Grand-Livre se nomment encore *titres de rente*. Tous les titres émis par l'Etat, garantis par le Trésor, en échange des emprunts successifs qu'il a contractés, les rentes 3 %, 4 %, 5 %, les bons du Trésor, etc., sont encore appelés *Fonds publics*.

Les Compagnies de chemins de fer, les grandes Sociétés industrielles ou commerciales, anonymes ou en commandite, ne peuvent arriver à constituer l'immense capital qui leur est nécessaire, qu'en émettant des *actions* et des *obligations* auxquelles le public en masse est appelé à souscrire. C'est ainsi que les petits capitaux, qui, s'ils étaient isolés, resteraient improductifs, parviennent en se groupant à produire les merveilles de l'industrie. L'*action* participe aux bénéfices réalisés par la Société. Ces bénéfices se distribuent à chaque inventaire sous le nom de *dividende ;* en conséquence, le *taux* d'intérêt touché par les porteurs d'actions est variable et reste toujours subordonné aux bénéfices réalisés par la Société. L'actionnaire est comme le commanditaire d'une société, et avant que les porteurs d'obligations, que l'on peut assimiler aux créanciers hypothécaires, n'aient à souffrir des pertes subies par la Société, l'actionnaire perdrait le montant de son action; les risques étant plus considérables, l'intérêt touché par l'actionnaire est souvent plus élevé que celui que reçoit le porteur d'obligations.

L'obligation comporte un intérêt fixe, dont le montant est porté sur des *coupons* qui se détachent de l'obligation à mesure qu'ils arrivent à échéance.

On comprend sous le nom d'*Effets publics* l'ensemble de toutes les valeurs fiduciaires dont le cours légal se règle à la Bourse.

On dit que tous ces titres sont *au pair* lorsqu'ils se négocient au cours assigné pour leur *remboursement*, ce qui ne veut pas dire au cours de leur émission. N'avons-nous pas vu à l'époque de la guerre des titres de rente remboursables à 100 fr. émis à fr. 50 ?

De même que le prix d'émission varie suivant les circonstances et le degré de confiance qu'inspire l'emprunt que l'on émet, de même aussi le cours de tous les effets publics subit-il de constantes modifications sous des influences diverses et multiples, telles que l'abondance ou la rareté du numéraire, les circonstances politiques, etc. Le remboursement de tous ces titres fiduciaires a lieu dans une période déterminée au moment de leur émission, par la voie du sort qui règle les numéros des titres à rembourser.

On nomme *Bourse* un centre où se réunissent les notables commerçants et les capitalistes pour traiter, sous le contrôle du pouvoir exécutif, des affaires importantes, soit en marchandises, par l'intermédiaire de *courtiers* assermentés, soit en titres fiduciaires, sous le couvert des *agents de change.* L'endroit assigné aux titres fiduciaires, fonds ou effets publics, s'appelle le *parquet.* Aux heures de Bourse les agents de change se groupent dans un espace qui leur est réservé et que l'on nomme *corbeille.*

Les *agents de change* sont des officiers ministériels préposés comme intermédiaires responsables dans toutes les opérations de bourse; ils dressent la cote authentique de toutes les valeurs qui se négocient en Bourse et des matières d'or et d'argent. Leur nombre est limité. Ils sont tenus à un *cautionnement* qui répond à l'importance de la localité où ils exercent, et qui est à Paris de de 125000 fr. Les premiers titulaires ont reçu leur charge de l'État à titre gratuit. Depuis 1816, ces charges se vendent à des prix qui se sont successivement élevés de 30000 fr. à 2 millions. Toutefois les titulaires sont tenus de faire agréer leurs successeurs par le chef de l'État. Ils sont tenus aussi à se renfermer dans leur rôle d'intermédiaire et il leur est expressément défendu d'opérer pour leur compte.

Les opérations de bourse sont de diverses natures. Les plus importantes sont les négociations ou ventes de titres. Ces négociations se font au *comptant* ou à *terme.*

Les *opérations à terme,* bien que légales, ne sont autre chose qu'un véritable jeu dans lequel acheteur et vendeur s'exposent aux éventualités de l'avenir, *hausse* ou *baisse.* Les opérations à terme sont toujours aux échéances des 15 et fin de mois. Ces époques sont dites de *liquidation;* mais toutes les affaires traitées sur la rente française ne se liquident que chaque fin de mois.

Les marchés à terme se subdivisent en *marchés fermes* et en *marchés à prime.*

Dans le *marché ferme,* toutes les conditions du contrat ont été réglées entre les contractants et quels que soient les changements survenus, hausse ou baisse, au terme fixé le vendeur est tenu de livrer les titres, l'acheteur d'en payer le montant.

Dans le *marché à prime,* l'acheteur a la faculté, moyennant l'abandon de la *prime convenue,* de résilier le marché. La prime varie de 0,25, 0,50 à 1 fr. par titre, et bien que l'abandon de la prime offre déjà un bénéfice au vendeur, ces sortes de marchés se traitent toujours à un prix plus élevé que le marché ferme ; la différence entre le cours du marché ferme et celui du marché à prime se nomme *écart.*

En cas de baisse, l'acheteur *abandonne sa prime;* en cas de hausse, *il lève sa prime,* c'est-à-dire qu'il déclare en liquidation qu'il tient son marché, et dès lors le vendeur est tenu à lui livrer les titres dont il lui verse le montant.

Quelquefois acheteur et vendeur conviennent d'un commun accord de continuer une opération d'une liquidation sur l'autre ; cette nature d'opération s'appelle *report :* elle se fait à un prix de *compensation.*

On dit que le report est au pair, lorsque l'opération se fait sans bénéfice ni perte d'une part ni de l'autre.

Quand le *vendeur* bénéficie d'une légère indemnité, cette indemnité s'appelle *report ;* lorsqu'elle est attribuée à l'acheteur, elle s'appelle *déport.*

En garantie des opérations à terme, l'acheteur dépose entre les mains de l'agent de change une somme relative à l'importance des ordres qu'il remet ; ce dépôt s'appelle *couverture.* Quand des pertes ont absorbé la couverture et que le spéculateur est devenu insolvable, l'agent de change *exécute* son client en achetant d'autorité les titres qu'il a vendus ou en revendant ceux qu'il a achetés et dont son client ne peut prendre livraison.

PROBLÈMES SUR LES OPÉRATIONS DE BOURSE.

I. A quel taux réel place-t-on son argent en achetant du 5 % à fr. 93,50 (ne pas tenir compte du courtage)?

Solution. Fr. 93,50 rapportent 5 fr.

$$1 \qquad \qquad \frac{5}{93,50}$$

$$100 \qquad \qquad \frac{5 \times 100}{93,50} = 5,35 \,\%$$

II. A quel taux place-t-on son argent en achetant du 3 % à fr. 58,80 (ne pas tenir compte du courtage)?

Solution. 58,80 rapportent 3 fr.

$$1 \qquad \qquad \frac{3}{58,80}$$

$$100 \qquad \qquad \frac{3 \times 100}{58,80} = 5,10 \,\%$$

III. Le cours 5 % étant à fr. 93,50, quel devrait être le cours 3 % pour que le taux réel fût le même que celui du 5 % ?

Solution. 5 fr. sont l'intérêt de fr. 93,50

$$1 \qquad \qquad \frac{93,50}{5}$$

$$3 \qquad \qquad \frac{93,50 \times 3}{5} = \text{fr. } 56,10$$

IV. Vaut-il mieux acheter du 5 % à fr. 93,40 ou du 3 % à fr. 58 ?

Solution. Le taux du 5 % est $\dfrac{5 \times 100}{93,40} = 5,35$;

celui du 3 % est $\dfrac{3 \times 100}{58} = 5,17$

Réponse: L'avantage est au 5 %.

V. Faire le *bordereau d'achat* de 6000 fr. de rente 3 % au cours de 54,85 en tenant compte du *courtage*, qui est pour les achats de rentes au comptant de 1/8 %, sur le capital nominal. On comptera le timbre de 0,60 si le capital employé n'excède pas 10000 fr. et de 1 fr. 60 dans le cas contraire.

Bordereau n° 1. Acheté par le ministère de M. Rodrigues d'ordre et pour compte de M. Pierre.

Bordeaux, ce 3 janvier 1873.

6000	fr. Rente 3 % à	85	85	109700	»
	Courtage 1/8 %			250	»
	Timbre			1	60
				109951	60

Calcul de la somme déboursée pour l'achat.

3   fr. de rente coutent **54,85**

1                   $\dfrac{54,85}{3}$

6000 $\dfrac{64 \times 6000}{3} =$ fr. 109 700

Calcul du courtage.

Pour 3 fr. de rente le courtage est de $^1/_8$ %, sur 100 fr. de capital nominal ou $^1/_8$ de 1 fr. = fr. 0,125.
Pour 6000 de rente qui contiennent 2000 fois 3 fr., il sera de 2000 fois 0,125 = 250 fr.

VI. Faire le *bordereau de vente* de 6000 fr. de rente 3 % au cours de 54,85 en tenant compte du courtage et du timbre.

Bordereau n° 2. Vendu par le ministère de M. Rodrigues d'ordre et pour compte de M. Paul.

Bordeaux ce 3 janvier 1873.

6000	fr. Rente 3 % à . . . . , .	54	85	109700	»
	Courtage 1/8 %	250	»		
	Timbre	1	60	251	60
				109448	40

Ce bordereau ne diffère du précédent qu'en ce que les fr. 251,60 provenant du courtage et du timbre se retranchent des 109 700 fr. produits par l'achat.

VII. Le cours le plus bas du 5 % ayant été à 93 fr. et le cours le plus haut à 93,40 , on achète 200 fr. de rente au *cours moyen* ; quelle somme devra-t-on débourser ?

Solution. Le cours moyen est $\frac{93+93,40}{2} = 93,20$.

5   francs de rente coûtent donc 93,20+0,125 de courtage
                                              ou fr. 93,325

1   » $\frac{93,325}{5}$

200   » $\frac{93,325 \times 200}{5} = $ fr. 3733.

VIII. On achète 2000 fr. de rente 5 % à 90
      et 2000 fr.   5 % à 92,50 ;

quel devrait être le cours de la rente pour pouvoir, en tenant compte des courtages, revendre le tout sans perte ?

Solution. Les cours d'achat sont 90+0,125=90,125
                            et 92,50+0,125=92,625.
      Le prix moyen est donc $\frac{90,125+92,625}{2} = $ fr. 91,375 ;

il faut y ajouter le courtage de vente, c'est-à-dire 0,125, ce qui donne 91,50.

On obtient le même résultat en ajoutant fr. 0,25, montant du courtage d'achat et du courtage de vente, à chacun des cours d'achat :

$$\frac{90,25+92,75}{2} = \text{fr. } 91,50.$$

IX. Paul achète *fin courant* 3000 fr. [1] de rente 3 % au cours de fr. 58,60. A la fin du mois les cours ayant fléchi jusqu'à 58,

---

il continue son opération en vendant ses 3000 fr. de rente au cours du jour pour les racheter immédiatement avec un *report* de fr. 0,50 (c'est-à-dire livrables à la prochaine liquidation à fr. 58+0,50 = 58,50). Quel serait le résultat de l'opération en revendant au comptant à la fin du mois fr. 59,70 ?

Le courtage est pour les opérations à terme de $1/16$ $^0/_0$ sur le capital nominal et réduit pour la simplicité des caculs à 0,05 pour 3 fr., 4,50 et 5 fr. de rente, ce qui porte à 25 fr. le courtage des qualités suivantes : 2500 fr. de rente 5 $^0/_0$, 2250 4 1/2 $^0/_0$, 1500 3 $^0/_0$. Toutefois il résulte d'un extrait du registre des délibérations de leur chambre syndicale que les agents de change peuvent abaisser ce tarif jusqu'à 20 fr.

Solution. 1er Achat à terme fr. 58,60+0,05 = fr. 58,65

1re Vente au comptant 58—0,125 =   57,875

Perte sur 3 fr. de rente   fr.   0,775

2e Achat à terme 58+0,50+0,05 = fr. 58,55

qui, ajoutés à la perte subie par Paul, élèvent pour

lui le prix de revient de 3 fr. de rente à fr.   59,325

2e Vente au comptant fr. 59,70—0,125 = 59,575

Bénéfice sur 3 fr. de rente   fr.   0,250

»   3000   »   0,25 × 1000 =   250 fr.

X. Pierre achète livrables fin courant 7500 fr. de rente 5 $^0/_0$ à fr. 92,50; les fonds étant montés à fr. 93,20, il *escompte son vendeur* (c'est-à-dire qu'il l'oblige à livrer les titres avant la fin du mois) et revend immédiatement au comptant; combien a-t-il gagné dans cette opération?

Solution. Achat à terme   92,50+0,05 = 92,55

Vente au comptant 93,20—0,125 = 93,075

Bénéfice sur 5 fr. de rente fr. ·   0,525

Bénéfice sur 7500 fr. de rente $\frac{0,525 \times 7500}{5}$ = fr. 787,50

XI. André achète fin courant 2000 fr. de rente 5 $^0/_0$ à fr. 93,50 *dont* 0,50 ([1]). A la fin du mois le cours étant à 93,15, a-t-il avan-

---

([1]) C'est-à-dire dont fr. 0,50 de prime.

tage à *abandonner la prime* ou à *lever la prime* pour revendre immédiatement?

Solution. Il suffit de déterminer la perte pour le cas où André abandonne la prime et pour le cas où il la lève.

En abandonnant la prime, il perd fr. 0,50, plus le courtage d'achat, ou fr. 0,50+0,05 = fr. 0,55 pour 5 fr. de rente.

En levant la prime, il perd la différence entre le cours de 93,50 et le cours de 93,15, soit fr. 0,35, plus le courtage d'achat à terme fr. 0,05 et le courtage de vente au comptant fr. 0,125, en tout fr. 0,525 pour 5 fr. de rente.

En levant la prime, il perd donc, pour 5 fr. de rente, 2 1/2 centimes de moins qu'en abandonnant la prime, soit fr. 12,50 pour 2500 fr. de rente.

EXERCICES SUR LES OPÉRATIONS DE BOURSE [1].

120. A quel taux réel place-t-on ses capitaux en achetant du 5 % à fr. 89,45?

121. A quel taux réel place-t-on de l'argent en achetant du 3 % à 65,40?

122. Le cours du 3 % étant à 59,40, quel devrait être le cours du 5 % pour que le taux réel fût le même que celui du 5 %.

123. Vaut-il mieux acheter du 5 % à fr. 90,40 ou du 3 % à 57?

124. Faire le bordereau d'achat de 3500 fr. de rente 5 % à fr. 93,50?

125. Faire le bordereau de vente de 3400 fr. de rente 5 % à fr. 94,20.

126. Le cours le plus bas du 3 % ayant été fr. 58 et le cours le plus haut fr. 58,50, on achète au *cours moyen;* quelle somme devra-t-on débourser?

127. On achète 3000 fr. de rente 3 % à 60 et 3000 fr. de rente 3 % à 62; quel devrait être le cours de la rente pour pouvoir, en tenant compte des courtages, revendre sans perte?

---

[1] Les énoncés de ces exercices étant (sauf les chiffres) identiques à ceux que nous venons d'examiner, nous croyons devoir nous abstenir d'en donner les réponses.

128. Pierre achète fin courant 5000 fr. de rente 5 $\%$ au cours de 94. A la fin du mois les cours ayant fléchi jusqu'à 93,30, il continue son opération en vendant ses 5000 fr. de rente au cours du jour pour les racheter immédiatement avec un *report* de 0,50 (c'est-à-dire livrable à la liquidation prochaine à fr. 93,80). Quel serait le résultat de l'opération en admettant que, les fonds se maintenant en baisse, il fût obligé de vendre au comptant à fr. 93?

129. Paul achète livrables fin courant 75000 fr. de rente 5 $\%$ à 93,40; les fonds étant montés à 94, il escompte son vendeur et revend immédiatement au comptant; combien a-t-il gagné dans cette opération?

130. André achète fin courant 5000 fr. de rente à 5 $\%$ à 94,20 *dont* 0,50. A la fin du mois le cours étant à 93,75, a-t-il avantage à abandonner ou à lever la prime et revendre immédiatement?

RÉGLE CONJOINTE

La *règle conjointe* trouve surtout des applications dans les questions de change et d'arbitrage dont nous nous occupons au chapitre suivant. Elle sert à déterminer la valeur d'une quantité qui dépend d'une seconde, celle-ci dépendant d'une troisième, et ainsi de suite, toutes ces quantités variant proportionnellement avec elle.

EXEMPLES.

I. Trouver la valeur effective en francs de 2000 florins courants de rente 2 1/2 % hollandais au cours de 65 1/2 florins courants, le change fixe des fonds publics hollandais étant de 120 fr. pour 57 fl. c.

Ce problème peut se résoudre au moyen d'une série de règles de trois simples, ainsi qu'il résulte du raisonnement suivant.

Solution. Représentons par x la valeur en francs de 2000 fl. c. de rente, et disposons ainsi les données, en plaçant les uns sous les autres les nombres de même nature.

$$x \text{ fr.} = 2000 \quad f \text{ de rente}$$
$$2\,1/2 \; f \text{ de rente} = 65\,1/2 \; f$$
$$57 \quad f = 120 \text{ fr.}$$

57 f valent 120 fr.

1 f vaut $\dfrac{120}{57}$

65 1/2 f valent $\dfrac{120 \times 65\,1/2}{57}$

or 65 1/2 f sont le prix de 2 1/2 f de rente;

2 1/2 f de rente valent donc en fr. $\dfrac{120 \times 65\,1/2}{57}$

1 f de rente vaut en fr. $\dfrac{120 \times 65\,1/2}{57 \times 2\,1/2}$

2000 f de rente valent en fr. $\dfrac{120 \times 65\,1/2 \times 2000}{57 \times 2\,1/2} = 110315,78.$

Cette méthode, par cela même qu'elle nécessite un certain raisonnement pour être appliquée d'une manière exacte aux différents cas qui se présentent, est moins rapide, partant moins avantageuse dans la pratique des affaires, que la méthode suivante, qui permet, ainsi qu'on va s'en rendre compte, d'établir d'une manière uniforme, sans qu'il soit besoin de recourir au raisonnement, la solution des problèmes pouvant donner lieu à une *règle conjointe.*

Reprenons les égalités ci-dessus et disposons-les les unes sous les autres (en commençant par x) de manière que le premier terme de l'une soit toujours de même nature que le deuxième terme de la précédente.

$$
\begin{aligned}
x \text{ fr.} &= 2000 \quad \text{£ de rente} \\
2\ 1/2 \text{ £ rente} &= 65\ 1/2 \text{ £ de capital} \\
57 \quad \text{£ capital} &= 120 \text{ fr.}
\end{aligned}
$$

Multiplions ces égalités membre à membre :

$$ 57 \times 2\ 1/2 \times x = 120 \times 65\ 1/2 \times 2000. $$

D'où, en divisant les deux membres de l'égalité par 57 et par 2 1/2,

$$ x = \frac{120 \times 65\ 1/2 \times 2000}{57 \times 2\ 1/2}. $$

De là cette règle générale, *très-importante pour la compréhension des solutions données plus loin*, que, pour obtenir la valeur de x, il suffit de faire le produit des seconds membres des égalités et de diviser par le produit des premiers.

II. Le prix du blé étant à Hambourg de 115 Thalers courants pour un Last ou un tonneau à 60 Scheffel de Prusse, quel serait à Berlin le prix équivalent d'un Scheffel, en admettant que 1 Thaler courant vaut 3 Marks courants, 127 Marks courants 100 Marks banco et 300 Marks banco 150 Thalers,

Solution. Représentons par x le prix d'un Scheffel à Berlin et disposons la conjointe comme au problème précédent.

MÉTHODE DE L'UNITÉ.

$$
\begin{aligned}
x \text{ Th.} &= 1 \text{ Scheffel} \\
60 \text{ Scheffel} &= 1 \text{ Last} \\
1 \text{ Last} &= 115 \text{ Thalers courants} \\
1 \text{ Th. c.} &= 3 \text{ Marks courants} \\
127 \text{ M. c.} &= 100 \text{ Marks banco} \\
300 \text{ M. b.} &= 150 \text{ Thalers.}
\end{aligned}
$$

ARITH. COMM.

10

D'où

$$x = \frac{150 \times 100 \times 3 \times 115}{300 \times 127 \times 60} = 2\,\text{Th. } 7\,\text{Sgr.}$$

CONJOINTE.

x Th. $=$ 1 Scheffel
60 Sch. $=$ 1 Last
1 Last $=$ 115 Thalers courants
1 Th. c. $=$ 3 Marks courants
127 M. c. $=$ 100 Marks banco
300 M. b. $=$ 150 Thalers.

D'où

$$x = \frac{150 \times 100 \times 3 \times 115}{300 \times 127 \times 60}.$$

EXERCICES SUR LA RÈGLE CONJOINTE ([1]).

129. Exprimer en francs la valeur au pair d'une livre sterling, sachant que 1869 £ $=$ 40 ℔ d'or monnayé, que 12 ℔ d'or monnayé $=$ 11 ℔ d'or pur, que 1 ℔ (livre) $=$ 373 gr. 242 et enfin que 900 gr. d'or pur valent 3100 fr.

Réponse : 25 fr. 22, valeur au pair de la livre sterling.

130. Exprimer en Marks de l'empire allemand $m\!\!/\!\!k$ à 100 pfennige la valeur au pair de 100 florins d'Amsterdam, sachant que 1 florin de Hollande $=$ 10 grammes d'argent monnayé, que 100 grammes d'argent monnayé $=$ 945 gr. d'argent pur, que 15 1/2 gr. d'argent pur $=$ 1 gr. d'or et enfin que 500 gr. d'or $=$ 1395 $m\!\!/\!\!k$.

Réponse : 170,1 $m\!\!/\!\!k$, valeur de 100 florins hollandais.

131. Exprimer en $m\!\!/\!\!k$ de l'empire allemand, la valeur au pair de 100 fr. en or, sachant que 3100 fr. en or contiennent 900 grammes d'or pur et que 500 grammes d'or pur $=$ 1395 $m\!\!/\!\!k$.

Réponse : 81 $m\!\!/\!\!k$, valeur de 100 fr. en or.

132. Exprimer en $m\!\!/\!\!k$ de l'empire allemand la valeur au pair

---

([1]) Empruntés à l'*Arithmétique commerciale* (*Kaufmännischen Arithmetik*) du Dr Carl. Gustav. Odermann.

de 100 florins, monnaie d'argent d'Autriche, sachant que 45 florins = 300 Thalers et que 1 Th. = 3 m𝔐.

Réponse : 200 m𝔐, valeur de 100 fl. d'Autriche.

133. Exprimer en m𝔐 de l'empire allemand la valeur au pair de 100 livres sterling, sachant que £ 1869 = 40 ℔ d'or monnayé, que 12 ℔ d'or monnayé = 11 ℔ d'or fin, que 1 ℔ = 373 gr. 242 et enfin que 500 gr. d'or fin = 1395 m𝔐.

Réponse : 2042,94 m𝔐, valeur de 100 £.

134. Exprimer en m𝔐 la valeur au pair de 100 dollars d'or des Etats-Unis, sachant que 10 dollars d'or = 258 grains (poids de troy), d'or monnayé, que 10 grains d'or monnayé = 9 grains d'or fin, que 5760 grains d'or fin = 373 gr. 242, et enfin que 500 grains d'or fin = 1395 m𝔐.

CHANGES ET ARBITRAGES

CHANGES.

Les opérations de change portent généralement sur l'achat des *lettres de change* et des matières d'or et d'argent.

Les changes intérieurs donnent lieu aujourd'hui à très-peu de négociations; c'est surtout des changes extérieurs qu'il y a lieu de s'occuper ici.

Selon que les valeurs à négocier sont plus ou moins recherchées, le *taux du change* est plus ou moins élevé.

Le bulletin du cours des changes est arrêté et publié par les *agents de change*.

Dans l'évaluation de ces valeurs, on se sert des monnaies de compte dont nous avons donné le tableau plus haut, et on prend généralement pour terme de comparaison entre deux monnaies celle dont la valeur est la plus élevée et qui s'appelle alors le *certain*, tandis que l'autre se nomme l'*incertain*. Ainsi, lorsqu'on dit que la livre sterling vaut fr. 25,21 plus ou moins ($\pm$), la livre sterling qui sert de terme de comparaison est le *certain*, et le franc l'*incertain*. Dans ce cas, on dit encore que Londres donne le *certain* à Paris, et Paris l'*incertain* à Londres.

L'incertain seul figure sur les cotes.

Pour l'intelligence de celles qui suivent, nous avons inscrit le certain à la suite de l'incertain. Au bas de chaque cote figure l'escompte du papier sur la place dont elle donne les cours.

Cote de Paris.

	À vue.	À 90 jours.			
Amsterdam	210 7/8	209	fr.	pour	100 fl. c.
Hambourg	124 1/2	122 3/4	fr.	—	100 Reichsmarks.
Berlin	»	370 1/4	fr.	—	100 Thalers.
Londres..........	25,25	24,95	fr.	—	1 livre sterling.
Vienne..........	226	224 1/2	fr.	—	100 florins au pied de 45.
Francfort	»	211 1/2	fr.	—	100 florins au pied de 52 1/2.
Saint-Pétersbourg.	336	344	fr.	—	100 roubles argent.

Escompte 6 %.

Cote d'Amsterdam.

Paris	2 mois.	56 1/4	fl. c. pour 120 fr.
Saint-Pétersbourg.	3 mois.	160	fl. c. — 100 r. a.
Vienne.	6 semaines.	106 1/2	fl. c. — 100 fl.45
Francfort	Id.	101	fl. c. — 100 fl.52 1/2.
Londres	2 mois.	11,90	fl. c. — 1 l. st.
Hambourg	Id.	58,45	fl. c. — 100 Reichsmarks.

Escompte 5 %.

Cote de Hambourg.

Paris	3 mois.	79	Reichsmarks pour 100 fr.
Saint-Pétersbourg	Id.	270,75	— — 100 r. arg.
Londres.	Id.	20,09	— — 1 l. st.
Amsterdam	Id.	166,90	— — 100 fl. c.
Francfort	Id.	169,90	— — 100 fl.52 1/2
Vienne	Id.	181,70	— — 100 fl.45.
Berlin	Id.	297,40	— — 100 Thal.

Escompte 4 %.

Cote de Berlin (¹).

Amsterdam	2 mois.	142 5/8	Thalers pour 250 fl. c.
Hambourg	Id.	»	Th. — »
Londres	3 mois.	6,20 7/8	Th. — 1 l. st.
Paris	2 mois.	80 1/6	Th. — 300 fr.
Vienne	Id.	91 1/8	Th. — 150 fl.45.
Francfort	Id.	56 3/4	Th. — 100 fl.52 1/2.
Saint-Pétersbourg.	3 mois.	90	Th. — 100 r. a.

Escompte 4 %.

Cote de Londres.

Amsterdam	3 mois.	11,15 1/4	Reichsmarks pour 1 l. st.
Hambourg	Id.	20,44	fl. c. — 1 l. st.
Paris	Id.	25,15	fr. — 1 l. st.
Francfort	Id.	119 5/8	fl.52 1/2 — 10 l. st.
Vienne	Id.	11,20	fl.45 — 1 l. st.
Berlin	Id.	6,24 1/4	Th. — 1 l. st.

Escompte 6 %.

(¹) Actuellement on compte dans toute l'Allemagne en Reichsmarks. La cote de Hambourg ayant déjà été exprimée en cette monnaie de compte, nous avons préféré, pour la variété des calculs, exprimer la cote de Berlin en Thalers ainsi qu'on le faisait encore en 1874.

Cote de Vienne.

Paris............	3 mois.	42,90	fl.⁴⁵ pour 100 fr.
Hambourg.......	Id.	54	fl.⁴⁵ — 100 Reichsmarks.
Amsterdam.......	Id.	90,25	fl.⁴⁵ — 100 fl. c.
Londres..........	Id.	110	fl.⁵⁵ — 10 liv. st.
Francfort.........	Id.	91,50	fl.⁴⁵ — 100 fl. ⁵²¹ᐟ².

Escompte 6 %.

PROBLÈMES SUR LES CHANGES.

I. Quelle somme faudrait-il payer à un banquier de Berlin pour obtenir une traite de 2000 fr. sur Paris à 2 mois?

Solution. D'après la cote de Berlin

300 fr. à 2 mois valent $80\frac{1}{6}$ Thalers .

$$1 \quad » \quad » \quad \frac{80\ 1/6}{300}$$

$$2000 \quad \text{fr.} \quad » \quad \frac{80\ 1/6 \times 2000}{300} = 534 \text{ } ꭐ \text{ } 13\,\text{Sgr.}$$

II. Que vaut à Paris une lettre de change à vue £ 45. 11 sh 3 d sur Londres ?

Solution. D'après la cote de Paris

La livre sterling à vue vaut 25 fr. 25
£ 45 . 11 . 3   »   valent 25,25 × 45. 11 . 3 = fr. 1150,40.

III. Quelle est à Paris la valeur effective en francs d'un effet sur Amsterdam de ƒ 645,60 payable dans un mois ?

Dans ces sortes d'opérations et celles dont il sera question au chapitre des arbitrages, *on consulte* de préférence *la cote du papier long*.

Solution. La cote de Paris indique que 100 florins à 3 mois valent 209 fr.

L'escompte d'Amsterdam étant de 5 % par an ('), sera de $\frac{5 \times 2}{12} = \frac{5}{6}$ pour 2 mois ;

$99\frac{1}{6}$ ƒ à 1 mois valent donc autant que 100 ƒ à 3 mois.

(¹) Cet escompte est indiqué au bas de la cote d'Amsterdam.

De là la conjointe suivante :

$$x \text{ fr.} \qquad\qquad = 645,60 \;\mathcal{f} \text{ à 1 mois}$$
$$99 \; 1/6 \;\mathcal{f} \text{ à 1 mois} = 100 \qquad \mathcal{f} \text{ à 3 mois}$$
$$100 \qquad \mathcal{f} \text{ à 3 mois} = 209 \qquad \text{fr.}$$

D'où, en appliquant la règle générale que nous avons indiquée plus haut (voir page 145),

$$x = \frac{209 \times 100 \times 645,60}{100 \times 99 \; 1/6} = \text{fr. } 1630,64.$$

EXERCICES SUR LES CHANGES.

135. Que vaut à Paris une lettre de change de 264 Thalers 25 Sgr. à 3 mois sur Berlin ?
Voir la cote de Paris.

Réponse : fr. 980,54.

136. Que vaut à Vienne une lettre de change de 6000 fr. à 3 mois sur Paris ?
Voir la cote de Vienne.

Réponse : 2574 fl.⁴⁵

137. Quelle est à Paris la valeur effective en francs d'un effet sur Berlin de 450 Thalers 20 Sgr. à 2 mois?
Voir la cote de Paris et l'escompte de Berlin.

Réponse : fr. 1674,17.

138. Quelle est à Paris la valeur effective d'un effet de £ 254 18 sh 4 d sur Londres à 1 mois?
Consulter la cote de Paris et tenir compte de l'escompte sur Londres.

ARBITRAGES.

En terme de banque, l'arbitrage est une opération de calcul fondée sur la comparaison du cours des changes et qui a pour but de déterminer la manière la plus avantageuse de tirer ou de remettre une lettre de change sur les places étrangères.

Notre intention n'est pas de traiter à fond la question des arbitrages ; il nous suffit de donner aux élèves une idée nette de ce genre d'opérations. Les quelques exemples qui suivent, bien compris, les mettront à même de résoudre à l'occasion tous les cas d'arbitrage qui pourront se présenter, soit qu'ils se placent dans la position du débiteur, du créancier ou du spéculateur.

I. L'arbitrage peut se faire directement entre deux places, comme dans l'exemple suivant.

Un négociant de Paris veut payer 2000 Thalers à un négociant de Berlin. Au cours des changes donné plus haut, vaut-il mieux pour lui acheter une traite de 2000 Thalers sur Berlin ou donner ordre à son créancier de Berlin de tirer traite sur Paris pour une somme équivalente à 2000 Thalers?

Solution. Consultons d'abord la cote de Paris; elle indique que

100 ℳ à 3 mois valent 370 1/4 fr. à vue.

L'escompte de Berlin étant de 4 % par an (¹) ou de 1 % pour 3 mois,

100 ℳ à 3 mois ne valent que 99 ℳ à vue.

De là la conjointe suivante (²) :

$$x \text{ fr. à vue} \quad = 2000 \text{ ℳ à vue}$$
$$99 \text{ ℳ à vue} \quad = 100 \text{ ℳ à 3 mois}$$
$$190 \text{ ℳ à 3 mois} = 370 \text{ 1/4 fr. à vue.}$$

D'où $$x = \frac{370 \, 1/4 \times 100 \times 2000}{100 \times 99} = \text{fr. } 7479{,}79.$$

Consultons maintenant la cote de Berlin; elle indique que

300 fr. à 2 mois valent 80 1/6 thalers.

L'escompte de Paris étant à 6 % par an ou à $\frac{6 \times 2}{12} = 1$ % pour 2 mois.

100 fr. à 2 mois ne valent que 99 fr. à vue.

(¹) Voir au bas de la cote de Berlin.
(²) Voir règle conjointe, page 144.

De là la conjointe suivante :

$$
\begin{aligned}
x \text{ fr. à vue} &= 2000 \text{ ⅎ à vue}\\
80\ 1/6 \text{ ⅎ à vue} &= 300 \text{ fr. à 2 mois}\\
100 \text{ fr. à 2 mois} &= 99 \text{ fr. à vue.}
\end{aligned}
$$

D'où $\qquad x = \dfrac{99 \times 300 \times 2000}{100 \times 80\ 1/6} = $ fr. 7409,56.

Ce qui donne fr. 70,23 en faveur du papier de Berlin sur Paris.

II. L'arbitrage peut aussi se faire par l'intermédiaire d'une autre place.

Dans l'exemple qui nous occupe, voyons s'il n'y aurait pas avantage à acheter, pour se libérer, une traite à Paris sur une autre place que Paris et Berlin, sur Amsterdam par exemple, et de la négocier à Berlin.

Solution. Il y a dans ce cas deux opérations à envisager.

1° Achat de l'Amsterdam à Paris;

2° Vente de l'Amsterdam à Berlin; par conséquent deux cotes à consulter.

La cote de Paris indique pour l'Amsterdam que

100 ƒ à 3 mois valent 209 fr. à vue.

Celle de Berlin indique pour l'Amsterdam

250 ƒ à 2 mois valent 142 5/8 ⅎ à vue.

Ramenons d'abord à 2 mois de date le papier qui se négocie à Paris à 3 mois.

L'escompte d'Amsterdam pour 12 mois étant de 5 %, sera pour un mois de 5/12 %.

Donc 99 7/12 ƒ à 2 mois = 100 ƒ à 3 mois.

De là la conjointe suivante. :

$$
\begin{aligned}
x \text{ fr. à vue} &= 2000 \text{ ⅎ à vue}\\
142\ 5/8 \text{ ⅎ à vue} &= 250 \text{ ƒ à 2 mois}\\
99\ 7/12 \text{ ƒ à 2 mois} &= 100 \text{ ƒ à 3 mois}\\
100 \text{ ƒ à 3 mois} &= 209 \text{ fr. à vue.}
\end{aligned}
$$

D'où $\qquad x = \dfrac{209 \times 100 \times 250 \times 2000}{100 \times 99\ 7/12 \times 142\ 5/8} = $ fr. 7357,56.

L'avantage est donc à l'Amsterdam.

139. Comme exercice, l'élève calculera combien de francs il faudrait débourser en achetant : 1° du Londres, 2° du Vienne, pour s'acquitter à Paris de 2000 thalers dus à Berlin.

Nous venons de nous placer dans la position qui se présente le plus couramment en affaires, celle où l'on est *débiteur.*

Examinons maintenant celle où l'on est *créancier.*

Les calculs sont les mêmes que dans le cas précédent ; toutefois le choix des valeurs à adopter pour recouvrer une créance dans les conditions les plus favorables est déterminé par la *parité la plus élevée* contrairement à ce qui a lieu, comme on vient de le voir, lorsqu'il s'agit de solder une créance.

III. Admettons que Pierre de Vienne nous doive 2000 florins et cherchons le moyen le plus avantageux pour nous de rentrer dans notre créance.

Voyons d'abord ce que nous encaisserions à Paris en faisant acheter à Vienne pour 2000 florins de valeurs sur Paris.

Solution. La cote de Vienne indique que 100 fr. à 3 mois valent 42,40 florins à vue.

L'escompte de Paris étant de 6 °/₀ pour 12 mois sera de

$$\frac{6 \times 3}{13} = \frac{3}{2} \text{ ou } 1\ 1/2 \text{ °/₀ pour 3 mois}$$

Donc 98 1/2 fr. à vue = 100 fr. à 3 mois.

De là la conjointe suivante :

$$
\begin{aligned}
x \text{ fr. à vue} &= 2000 \text{ fl}^{45} \text{ à vue} \\
42,40 \text{ fl}^{45} \text{ à vue} &= 100 \text{ fr. à 3 mois} \\
100 \text{ fr. à 3 mois} &= 98\ 1/2 \text{ fr. à vue}
\end{aligned}
$$

D'où $\qquad x = \dfrac{98\ 1/2 \times 100 \times 2000}{100 \times 42,40} = $ fr. 4646,20

Examinons maintenant ce que nous ferait encaisser la vente à Paris d'une traite de 2000 florins sur Vienne.

Solution. La cote de Paris indique que 100 florins à 3 mois valent 224 1/2 fr. à vue.

L'escompte de Vienne étant à 6 %° pour 12 mois et à $\frac{6\times3}{12}=\frac{2}{3}$ pour 3 mois, 100 florins à 3 mois ne valent que 98 1/2 florins à vue.

De là la conjointe suivante :

$$x \text{ fr. à vue} = 2000 \text{ fl}^{45} \text{ à vue}$$
$$98\ 1/2 \text{ fl}^{45} \text{ à vue} = 100 \text{ fl}^{45} \text{ à 3 mois}$$
$$100 \text{ fl}^{45} \text{ à 3 mois} = 224\ 1/4 \text{ à vue}$$

D'où $\qquad x=\dfrac{224\ 1/2\times100\times2000}{100\times98\ 1/2}=4558,37.$

Ce qui donne l'avantage au papier de Paris sur Vienne.

IV. Examinons maintenant s'il ne nous serait pas plus avantageux de faire acheter à Vienne de l'Amsterdam pour le revendre à Paris.

Il y a dans ce cas deux opérations à envisager :

1° Achat de l'Amsterdam à Vienne ;

2° Vente de l'Amsterdam à Paris ; par conséquent deux cotes à consulter.

La cote de Vienne indique que

100 ƒ à 3 mois valent 90,25 fl^{45} à vue

et celle de Paris que

100 ƒ à 3 mois valent 209 fr. à vue.

De là la conjointe suivante :

$$x \text{ fr. à vue} = 2000 \text{ fl}^{45} \text{ à vue}$$
$$90,25 \text{ fl}^{45} \text{ à vue} = 100 \text{ ƒ à 3 mois}$$
$$100 \text{ ƒ à 3 mois} = 209 \text{ fr. à vue}$$

D'où $\qquad x=\dfrac{209\times100\times2000}{100\times90,25}=4631,57.$

L'avantage reste donc au papier de Paris sur Vienne.

EXERCICE.

140. Chercher combien de francs on encaisserait en faisant acheter à Vienne du Londres et du Hambourg.

Il resterait à nous placer dans la position du *spéculateur.*

Les opérations arithmétiques auxquelles donnent lieu les combinaisons d'arbitrages du spéculateur étant analogues à celles que nous venons de passer en revue, nous croyons inutile de les exposer ici.

Toutefois les *cotes chiffrées* étant pour les spéculateurs une précieuse ressource, nous donnerons, comme exercice, à vérifier les *parités* inscrites à la dernière colonne de la cote chiffrée suivante que nous extrayons du *Cours complet de Comptabilité* de Joseph Barré.

Chiffrer une cote, c'est calculer les arbitrages ou les parités à vue des différentes valeurs contenues dans cette cote.

COTE DE LONDRES CHIFFRÉE A PARIS.

VALEURS.	COTE DE LONDRES			COTE DE PARIS.			PARITÉS.
	ÉCHÉANCES.	COURS	ESCOMPTE.	ÉCHÉANCES.	COURS.	ESCOMPTE.	
1° Londres.......	»	»	5 %	à vue.	25.50	4 1/2 %	25,50
2° Paris.........	3 mois	25.80	»	»	»	»	25,4775
3° Amsterdam....	d°	12 3/4.	»	3 mois	210	5 %	26,775
4° Hambourg.....	d°	20.44	»	d°	124 1/4	4 1/2 %	25,44780
5° Francfort......	d°	119 1/8	»	d°	213	5 %	25,373625
6° Berlin.........	d°	6.24 1/2	»	d°	273 1/4	5 %	25,4121042
7° Vienne........	d°	11.17 1/2	»	d°	227	6 %	25,36725
8° St-Pétersbourg.	d°	31 3/4	»	d°	337	8 %	25,4740157
9° Madrid........	d°	48 1/3	»	d°	508 1/2	6 %	25,3589610
10° Or en barre....	»	3.16.8	»	d°	12 %₀ B	»	25,8477130
11° Argent en barre	»	61	»	d°	13 1/2 %₀ B	»	25,1120440

CALCULS A EFFECTUER.

1° La cote de Paris chiffrant le Londres à vue, ce premier article ne donne lieu à aucun calcul.

2° La cote de Londres indiquant que le papier sur Paris à 3 mois vaut fr. 25,80 la livre sterling, il suffit de ramener le cours à vue en tenant compte de l'escompte de 5 % par an ou de 1 1/4 % pour 3 mois.

CONJOINTE.

$$x \text{ fr.} = 1 \text{ £ vue}$$
$$1 \text{ £ esp.} = 25,80 \text{ fr. 3 m.}$$
$$100 \text{ fr. 3 m.} = 98 \text{ 3/4 fr. esp.}$$

D'où

$$x = \frac{25,80 \times 98 \text{ 3/4}}{100} = 25,4775.$$

3° Pour calculer la parité de l'Amsterdam, on peut supposer qu'on achète à Londres de l'Amsterdam à 3 mois au cours de 12 3/4 ƒ pour 1 £ et qu'on le revend à Paris au cours de 210 fr. pour 100 ƒ à 3 mois.

N. B. Dans cet article et dans les suivants, le papier étant coté sur les deux places à 3 mois, il n'y a pas lieu de s'occuper de l'escompte.

CONJOINTE.

$$x \text{ fr.} = 1 \text{ £ vue}$$
$$1 \text{ £ esp.} = 12 \text{ 3/4 ƒ 3 m.}$$
$$100 \text{ ƒ 3 m.} = 210 \text{ fr. esp.}$$

D'où

$$x = \frac{12 \text{ 3/4} \times 210}{100} = 26,775.$$

4° Ce quatrième article indique qu'on donne à Londres 1 £ pour 20,44 Reichsmarks en papier à 3 mois sur Hambourg;

Et à Paris 124 1/2 fr. pour 100 Reischsmarks à 3 mois sur Hambourg.

En supposant, comme dans l'exemple précédent, qu'on achète du Hambourg à Londres et qu'on le revende à Paris, on arrive à la conjointe suivante :

CONJOINTE.

$$x \text{ fr.} = 1 \text{ £ vue}$$
$$1 \text{ £ esp.} = 20,44 \text{ ℳ 3 m.}$$
$$100 \text{ ℳ 3 m.} = 124 \text{ 1/2 fr. esp.}$$

D'où

$$x = \frac{26,44 \times 124 \text{ 1/2}}{100} = 25,44780.$$

5° Cet article indique qu'on donne à Londres 10 £ pour 119 1/8 fl.$^{52\ 1/2}$ en papier à 3 mois sur Francfort ;

Et à Paris 213 fr. pour 100 fl.$^{52\ 1/2}$ en papier à 3 mois sur Francfort.

CONJOINTE.

$$x \text{ fr.} = 1 \text{ £ vue}$$
$$10 \text{ £ vue} = 119\ 1/8 \text{ fl.}^{52\ 1/2} \text{ 3 m.}$$
$$100 \text{ fl.}^{52\ 1/2} \text{ 3 m.} = 213 \text{ fr. esp.}$$

D'où

$$x = \frac{139\ 1/8 \times 213}{10 \times 100} = 25,373625 .$$

6° Le sixième article donne lieu à la conjointe suivante :

CONJOINTE.

$$x \text{ fr.} = 1 \text{ £ vue}$$
$$1 \text{ £ vue} = 6.24\ 1/4 \text{ ₼ 3 mois}$$
$$100 \text{ ₼ 3 m.} = 373\ 1/4 \text{ fr. esp.}$$

D'où

$$x = \frac{\text{₼ } 6.24\ 1/4 \times 373\ 1/4}{100} ,$$

ou en réduisant les Thalers en Silbergroschen

$$x = \frac{204\ 1/4 \times 373\ 1/4}{30 \times 100} = 25,4121042 .$$

7°

CONJOINTE.

$$x \text{ fr.} = 1 \text{ £ vue}$$
$$1 \text{ £ vue} = 11,17\ 1/2 \text{ fl.}^{45} \text{ 3 mois}$$
$$100 \text{ fl.}^{45} \text{ 3 m.} = 227 \text{ fr. esp.}$$

8°

CONJOINTE.

$$x \text{ fr.} = 1 \text{ £ vue}$$
$$1 \text{ £ vue} = 240 \text{ d. (pence)}$$
$$31\ 3/4 \text{ d.} = 1 \text{ r. a., 3 m.}$$
$$100 \text{ r. a. 3 m.} = 337 \text{ fr. esp.}$$

9°   CONJOINTE.

$$x \text{ fr.} = 1 \text{ £ vue}$$
$$1 \text{ £ vue} = 240 \text{ d. (pence)}$$
$$48 \ 1/8 \text{ d.} = 1 \ \text{\textsterling} , \ 3 \text{ m.}$$
$$100 \ \text{\textsterling} \ 3 \text{ m.} = 508 \ 1/2 \text{ fr. esp.}$$

10° La cote de Londres indique qu'on donne à Londres £3.16.8 pour une ounce d'or au titre standard $^{22}/_{24}$;

Et qu'à Paris l'or en barre au titre de $^{1000}/_{1000}$ fait 12 fr. de prime pour 1000 fr.

Pour calculer cette parité, on peut supposer qu'on achète à Londres de l'or au cours que nous venons d'indiquer et qu'on le revend à Paris.

On devra remarquer

Que 24 oz d'or standard (¹) = 22 oz d'or fin,
Que 12 oz = 1 livre troy ($\overline{u}$),
Que 1 $\overline{u}$ = 373 gr. 241948 ou 373 gr. 2420,
Et enfin que 1000 grammes d'or au titre de $^{1000}/_{1000}$ valent à Paris au change fixe, fr. 3434,44.

CONJOINTE.

$$x \text{ fr.} = 1 \text{ £}$$
$$3.16.8 \text{ £} = 1 \text{ oz } ^{22}/_{24}$$
$$24 \text{ oz } ^{22}/_{24} = 22 \text{ oz } ^{24}/_{24}$$
$$12 \text{ oz} = 1 \ \overline{u}$$
$$1 \ \overline{u} = 373 \text{ gr. } 2420$$
$$1000 \text{ gr. } ^{1000}/_{1000} = 3434,44 \text{ fr.}$$
$$1000 \text{ fr. or} = 1012 \text{ fr. esp.}$$

D'où

$$x = \frac{22 \times 373,2420 \times 3434,44 \times 1012}{3.16.8 \times 24 \times 12 \times 1000 \times 1000} = 25,8511912.$$

11° La cote de Londres indique qu'on donne à Londres 61 d. (pence) pour 1 ounce d'argent au titre standard $^{37}/_{40}$;

Et celle de Paris que l'argent fait 13,50 francs de prime par 100 fr.

___

(¹) En Angleterre, le titre légal de l'or et de l'argent s'appelle titre *standard*.

CONJOINTE.

$$x \text{ fr.} = 1 \text{ £}$$
$$1 \text{ £} = 240 \text{ d.}$$
$$61 \text{ d.} = 1 \text{ oz } ^{37}/_{40}$$
$$40 \text{ oz } ^{37}/_{40} = 37 \text{ oz argent fin}$$
$$102 = 31 \text{ gr. } 1035$$
$$1000 \text{ gr. arg. } ^{1000}/_{1000} = 218,89$$
$$1000 \text{ fr. argent} = 1013,50$$

N. B. Pour que les parités que nous venons de calculer fussent absolument exactes, il aurait fallu faire entrer en ligne de compte les frais de courtage, les commissions, les timbres pour les tirages, ainsi que les intérêts perdus par le trajet pour les matières d'or et d'argent et les frais de transport. Si nous n'en avons pas tenu compte ici, c'est uniquement dans le but de ne pas compliquer nos calculs.

INTÉRÊTS COMPOSÉS

ANNUITÉS ET AMORTISSEMENT.

————

Pour l'intelligence de ce qui va suivre, il est nécessaire de définir la *progression par quotient* et d'indiquer la formule propre à calculer, sans avoir recours à l'addition, la somme des termes d'une progression par quotient.

Définition. Une progression par quotient est une suite de termes tels que chacun d'eux est égal à celui qui le précède multiplié par une quantité constante qu'on appelle la *raison* de la *progression*.

Ainsi 2,4,8,16,32,64,128, forment une progression par quotient qu'on *écrira*

$$\div 2 : 4 : 8 : 16 : 32 : 128$$

et qu'on *lira* : comme deux est à quatre, est à huit, est à seize, etc.

Lorsque la raison est un nombre plus grand que l'unité, la progression est *croissante ;* dans le cas contraire, elle est *décroissante*.

Somme des termes d'une progression.

Soit la progression par quotient

$$\div a : b : c : d \ldots \ldots : i : k : l,$$

dont le premier terme est a, le dernier l et la raison q.

ARITH. COMM.

11

D'après la définition que nous venons de donner

$$b = aq$$
$$c = bq$$
$$d = cq$$
$$. \, . \, . \, . \, .$$
$$. \, . \, . \, .$$
$$k = iq$$
$$l = kq.$$

D'où, en additionnant ces égalités membre à membre :

$$b + c + d \ldots \ldots + k + l = aq + bq + cq \ldots \ldots + iq \, kq \, ;$$

ou en représentant la somme des termes par S,

$$S - a = aq + bq + cq \ldots \ldots + cq + kq \, ;$$

et en mettant q en facteur commun ;

$$S - a = (a + b + c \ldots \ldots + i + k) \, q$$

ou encore

$$S - a = (S - l) \, q.$$

En effectuant la multiplication indiquée, on a

$$S - a = Sq - lq,$$

et en faisant passer dans un même membre les termes qui contiennent l'inconnue et dans l'autre les termes qui ne la contiennent pas [1],

$$lq - a = Sq - S \, ;$$

d'où l'on tire en mettant S en facteur commun

$$lq - a = S (q - 1),$$

et en divisant les deux termes de l'équation par $q - 1$,

$$\frac{lq - a}{q - 1} = S,$$

---

[1] Lorsqu'on fait passer un terme d'un membre d'une égalité dans l'autre membre, il faut avoir soin de changer son signe.

formule qui trouvera plus loin des applications dans les problèmes d'annuités ou d'amortissement.

INTÉRÊTS COMPOSÉS

Lorsque les intérêts d'un capital, au lieu d'être payés à la fin de l'unité de temps, s'ajoutent au capital pour produire avec lui des intérêts, on dit que le capital est placé à *intérêts composés*.

Problème. Que deviendraient 20000 fr. placés à intérêts composés pendant 5 ans à 6 % par an ?

Solution. 100 fr. en un an rapportent 6 fr., 1 fr. rapporte 0,06, qui ajoutés au capital donnent 1 fr. 06.

Un fr. de capital devient donc au bout d'un an 1 fr. 06 capital et intérêts compris ;

20000 fr. deviennent $1,06 \times 20000$.

Ce qui montre que, pour savoir ce que devient au bout d'un an un capital quelconque placé à 6 %, il suffit de multiplier ce capital par 1,06.

A la fin de la première année nous avons donc $20000 \times 1,06$, qui au bout de la 2e année deviennent $20000 \times 1,06 \times 1,06$ et à la fin de la 3e année,

$$20000 \times 1,06 \times 1,06 \times 1,06, \text{ ou } 20000 \times 1,06^3.$$

Pour généraliser, représentons par *a* le capital placé, par *r* l'intérêt de 1 fr. pour un an, par *n* le nombre d'années et par A le capital définitif. La formule ci-dessus devient :

$$A = a\,(1+r)^n\,.$$

On trouvera dans la table suivante (¹) *la valeur de 1 fr. placé à intérêts composés pendant n années.*

Ces *multiplicateurs fixes* permettront d'effectuer rapidement les calculs d'intérêts composés.

(¹) Empruntée, ainsi que toutes les tables suivantes, à l'*Annuaire du bureau des Longitudes.*

TAUX DE L'INTÉRÊT r.

ANNÉES n.	2 1/2	3	3 1/2	4	4 1/2	5	5 1/2	6
1	fr. 1,025 000	fr. 1,030 030	fr. 1,035 000	fr. 1,040 000	fr. 1,045 000	fr. 1,050 000	fr. 1,055 000	fr. 1,060 000
2	1,050 625	1,060 900	1,071 225	1,081 600	1,092 025	1,102 500	1,113 025	1,123 600
3	1,076 891	1,092 727	1,108 718	1,124 864	1,141 166	1,157 625	1,174 241	1,191 016
4	1,103 813	1,125 509	1,147 523	1,169 859	1,192 519	1,215 506	1,238 825	1,262 477
5	1,131 408	1,159 274	1,187 686	1,216 653	1,246 182	1,276 282	1,306 960	1,338 226
6	1,159 693	1,194 052	1,229 255	1,265 319	1,302 260	1,340 096	1,378 843	1,418 519
7	1,188 686	1,229 874	1,272 279	1,315 932	1,360 862	1,407 100	1,454 679	1,503 630
8	1,218 403	1,266 770	1,316 809	1,368 569	1,422 101	1,477 455	1,534 687	1,593 848
9	1,248 863	1,304 773	1,362 897	1,423 312	1,486 095	1,551 328	1,619 094	1,689 479
10	1,280 085	1,343 916	1,410 599	1,480 244	1,552 969	1,628 895	1,708 144	1,790 848
11	1,312 087	1,384 234	1,459 970	1,539 454	1,622 853	1,710 339	1,802 092	1,898 299
12	1,344 889	1,425 761	1,511 069	1,601 032	1,695 881	1,795 856	1,901 207	2,012 196
13	1,378 511	1,468 534	1,563 956	1,665 074	1,772 196	1,885 649	2,005 774	2,132 928
14	1,412 974	1,512 590	1,618 695	1,731 676	1,851 945	1,979 932	2,116 091	2,260 904
15	1,448 298	1,557 967	1,675 349	1,800 944	1,935 282	2,078 928	2,232 476	2,396 558
16	1,484 506	1,604 706	1,733 986	1,872 981	2,022 370	2,182 875	2,355 263	2,540 352
17	1,521 618	1,652 848	1,794 676	1,947 900	2,113 377	2,292 018	2,484 802	2,692 773
18	1,559 659	1,702 433	1,857 489	2,025 817	2,208 479	2,406 619	2,621 466	2,854 339
19	1,598 650	1,753 506	1,922 501	2,106 849	2,307 860	2,526 950	2,765 647	3,025 600
20	1,638 616	1,806 111	1,989 789	2,191 123	2,411 714	2,653 298	2,917 757	3,207 135
21	1,679 582	1,860 295	2,059 431	2,278 768	2,520 241	2,785 963	3,078 234	3,399 564
22	1,721 571	1,916 103	2,131 512	2,369 919	2,633 652	2,925 261	3,247 537	3,603 537
23	1,764 611	1,973 587	2,206 114	2,464 716	2,752 166	3,071 524	3,426 152	3,819 750
24	1,808 726	2,032 794	2,283 328	2,563 304	2,876 014	3,225 100	3,614 590	4,048 935
25	1,853 944	2,093 778	2,363 245	2,665 836	3,005 434	3,386 355	3,813 392	4,291 871
26	1,900 293	2,156 591	2,445 959	2,772 470	3,140 679	3,555 673	4,023 129	4,549 383
27	1,947 800	2,221 289	2,531 567	2,883 369	3,282 010	3,733 456	4,244 401	4,822 346
28	1,996 495	2,287 928	2,620 172	2,998 703	3,429 700	3,920 129	4,477 843	5,111 687
29	2,046 407	2,356 566	2,711 878	3,118 651	3,584 036	4,116 136	4,724 124	5,418 388
30	2,097 568	2,427 262	2,806 794	3,243 398	3,745 318	4,321 942	4,983 951	5,743 491
31	2,150 007	2,500 080	2,905 031	3,373 133	3,913 857	4,538 039	5,258 069	6,088 101
32	2,203 757	2,575 083	3,006 708	3,508 059	4,089 981	4,764 941	5,547 262	6,453 387
33	2,258 851	2,652 335	3,111 942	3,648 381	4,274 030	5,003 189	5,852 362	6,840 590
34	2,315 322	2,731 905	3,220 860	3,794 316	4,466 362	5,253 348	6,174 242	7,251 023

Problème. Quelle somme *a* faudrait-il payer tout de suite pour se libérer d'un capital A, payable dans *n* années, le taux de l'intérêt pour un franc étant *r* ?

Solution. Il est évident que, pour se libérer complétement, il faut que la somme *a* placée à intérêts composés au taux *r* pendant *n* années puisse produire le capital A.

Or de la formule $A = a (1 + r)^n$

on tire, en divisant les deux termes de l'égalité par $(1+r)^n$.

$$a = \frac{A}{(1+r)^n}.$$

La valeur actuelle de 1 fr. payable à la fin de n années est donc

$$\frac{1}{(1+r)^n}.$$

ANNÉES n.	TAUX DE L'INTÉRÊT r.							
	2	2 1/2	3	3 1/2	4	4 1/2	5	6
1	fr. 0,980 392	fr. 0,975 610	fr. 0,970 873	fr. 0,966 184	fr. 0,961 538	fr. 0,956 938	fr. 0,952 381	fr. 0,943 396
2	0,961 169	0,951 814	0,942 596	0,933 511	0,924 556	0,915 730	0,907 030	0,889 990
3	0,942 322	0,928 599	0,915 142	0,901 943	0,888 996	0,876 297	0,863 838	0,839 619
4	0,923 845	0,905 951	0,888 487	0,871 442	0,854 804	0,838 561	0,822 702	0,792 094
5	0,905 731	0,883 854	0,862 609	0,841 973	0,821 927	0,802 451	0,783 526	0,747 258
6	0,887 971	0,862 297	0,837 484	0,813 501	0,790 314	0,767 896	0,746 215	0,704 960
7	0,870 560	0,841 265	0,813 092	0,785 991	0,759 918	0,734 829	0,710 681	0,665 057
8	0,853 490	0,820 747	0,789 409	0,759 412	0,730 690	0,703 185	0,676 839	0,627 412
9	0,836 755	0,800 728	0,766 417	0,733 731	0,702 587	0,672 904	0,644 609	0,591 898
10	0,820 348	0,781 198	0,744 094	0,708 919	0,675 564	0,643 928	0,613 913	0,558 395
11	0,804 263	0,762 145	0,722 421	0,684 946	0,649 581	0,616 199	0,584 679	0,526 788
12	0,788 493	0,743 556	0,701 380	0,661 783	0,624 597	0,589 664	0,556 837	0,496 969
13	0,773 032	0,725 420	0,680 951	0,639 404	0,600 574	0,564 272	0,530 321	0,468 839
14	0,757 875	0,707 727	0,661 118	0,617 782	0,577 475	0,539 973	0,505 068	0,442 301
15	0,743 015	0,690 466	0,641 862	0,596 891	0,555 264	0,516 720	0,481 017	0,417 265
16	0,728 446	0,673 625	0,623 167	0,576 706	0,533 908	0,494 469	0,458 114	0,393 646
17	0,714 163	0,657 195	0,605 015	0,557 204	0,513 373	0,473 176	0,436 297	0,371 364
18	0,700 159	0,641 166	0,587 395	0,538 361	0,493 628	0,452 800	0,415 521	0,350 344
19	0,686 431	0,625 528	0,570 286	0,520 156	0,474 642	0,433 302	0,395 734	0,330 513
20	0,672 971	0,610 271	0,553 676	0,502 566	0,456 387	0,414 643	0,376 889	0,311 805
21	0,659 776	0,595 386	0,537 549	0,485 571	0,438 834	0,396 787	0,358 942	0,294 155
22	0,646 839	0,580 865	0,521 892	0,469 151	0,421 955	0,379 701	0,341 850	0,277 505
23	0,634 156	0,566 697	0,506 692	0,453 286	0,405 726	0,363 350	0,325 571	0,261 797
24	0,621 721	0,552 875	0,491 934	0,437 957	0,390 121	0,347 703	0,310 068	0,246 978
25	0,609 531	0,539 391	0,477 606	0,423 147	0,375 117	0,332 731	0,295 303	0,232 999
26	0,597 579	0,526 236	0,463 695	0,408 838	0,360 689	0,318 402	0,281 241	0,219 810
27	0,585 862	0,513 400	0,450 189	0,395 012	0,346 817	0,304 691	0,267 848	0,207 368
28	0,574 375	0,500 878	0,437 077	0,381 654	0,333 477	0,291 571	0,255 094	0,195 630
29	0,563 112	0,488 661	0,424 346	0,368 748	0,320 651	0,279 015	0,242 946	0,184 557
30	0,552 071	0,476 743	0,411 987	0,356 278	0,308 319	0,267 000	0,231 377	0,174 440
31	0,541 246	0,465 115	0,399 987	0,344 230	0,296 460	0,255 502	0,220 360	0,164 255
32	0,530 633	0,453 771	0,388 337	0,332 590	0,285 058	0,244 500	0,209 866	0,154 957
33	0,520 229	0,442 703	0,377 026	0,321 343	0,274 094	0,233 971	0,199 872	0,146 186
34	0,510 028	0,431 905	0,366 045	0,310 476	0,263 552	0,223 896	0,190 355	0,137 911

La table précédente donne la valeur de $\frac{1}{(1+r)^n}$ ou la *valeur de 1 fr. exigible dans n années* ([1]).

Cette table va nous permettre de *calculer rapidement au cours du jour le revenu intégral des obligations à prime fixe*, par exemple des obligations 3 $°/_0$ des chemins de fer français remboursables à 600 fr.

OBLIGATIONS A PRIME FIXE.

A quel taux place-t-on son argent en achetant à 280 fr. des obligations de chemin de fer de 500 fr. 3 $°/_0$, remboursables en nombres égaux, d'année en année, dans 68 ans, l'intérêt de la valeur actuelle de la prime de remboursement étant compté à 5 $°/_0$?

La prime de remboursement est de 500 fr. — 280 fr. ou 220 fr. remboursables dans une moyenne de 34 ans. Or d'après la table précédente la valeur actuelle de 1 fr. payable dans 34 ans à 5 $°/_0$ est de 0,190355; celle de 220 fr. sera de 0,190355 × 220 = 41,88.

On achète donc à 280 — 41,88, soit

238 fr. 12 qui rapportent 15 fr. d'intérêt

$$1 \qquad » \qquad \frac{15}{238,12}$$

$$100 \qquad » \qquad \frac{15 \times 100}{238,12} = 6,30.$$

Comme on vient de le voir, pour calculer au cours du jour le revenu intégral des obligations 3 $°/_0$ des chemins de fer français, remboursables à 500 fr. il faut tenir compte de la date de l'émission et de la durée moyenne de l'amortissement des obligations.

PLACEMENTS ANNUELS

Quelle somme obtiendra-t-on au bout de 20 ans, en plaçant au commencement de chaque année 500 fr. à 4 $°/_0$?

Le premier placement de 500 fr. à intérêts composés devient au bout de 20 ans $500 \times 1,05^{20}$; le second $500 (1,04)^{19}$...... et ainsi de suite jusqu'au 20° qui produit intérêts seulement pendant une année et donne $500 \times 1,04$.

([1]) Jusqu'à 34 années; pour plus de 34 années, on calculera par les logarithmes la valeur de $\frac{1}{(1+r)^n}$.

l

La somme A produite à la fin de la 20ᵉ année, par les placements et les intérêts composés, est donc :

$$A = 500\,(1,04)^{20} + 500\,(1,04)^{19} \ldots\ldots + 500\,(1,04),$$

ou, en mettant 500 en facteur commun,

$$A = 500\,[1,04^{20} + 1,04^{19} \ldots + 1,04].$$

Or $1,04^{20}$, $1,04^{19}$ etc., est une progression par quotient dont le terme le plus faible est $1,04$, le terme le plus fort $1,04^{20}$ et la raison $1,04$; donc, en appliquant à cette progression la formule $S = \dfrac{lq-a}{q-1}$,

$$S = \frac{1,04^{20} \times 1,04 - 1,04}{0,04} \qquad \text{ou } S = \frac{1,04^{21} - 1,04}{0,04}.$$

Donc
$$A = 500 \left[\frac{1,04^{21} - 1,04}{0,04} \right]$$

et, en mettant $1,04$ en facteur commun,

$$A = 500 \left[\frac{1,04\,(1,04^{20} - 1)}{0,04} \right]$$

et, en faisant sortir de la parenthèse $\dfrac{1,04}{0,04}$,

$$A = \frac{500 \times 1,04}{0,04} \left(1,04^{20} - 1 \right).$$

D'où la formule générale

$$A = \frac{a\,(1+r)}{r} \left((1+r)^{n} - 1 \right).$$

La table suivante donne en francs la valeur de

$$\frac{1+r}{r} \left[(1+r)^{n} - 1 \right] \times 1 \text{ fr.}$$

C'est la *somme produite au bout de* n *années par le placement à intérêts composés de* 1 *fr. au commencement de chaque année.*

ANNÉES n.	TAUX DE L'INTÉRÊT r.			
	3 1/2.	4	4 1/2	5
	fr.	fr.	fr.	fr.
1	1,035 000	1,040 000	1,045 000	1,050 000
2	2,106 225	2,121 600	2,137 025	2,152 500
3	3,214 943	3,246 464	3,278 191	3,310 125
4	4,362 466	4,416 323	4,470 710	4,525 631
5	5,550 152	5,632 975	5,716 892	5,801 913
6	6,779 408	6,898 294	7,019 152	7,142 008
7	8,051 687	8,214 226	8,380 014	8,549 109
8	9,368 496	9,582 795	9,802 114	10,026 564
9	10,731 393	11,006 107	11,288 209	11,577 893
10	12,141 992	12,486 351	12,841 179	13,206 787
11	13,601 961	14,025 805	14,464 032	14,917 127
12	15,113 030	15.626 838	16,159 913	16,712 983
13	16,676 986	17,291 911	17,932 109	18,598 632
14	18.295 681	19,023 588	19,784 054	20,578 564
15	19,971 030	20,824 531	21,719 337	22,657 492
16	21,705 016	22,697 612	23,741 707	24,840 366
17	23,499 691	24,645 413	25,855 084	27,132 385
18	25,357 180	26,671 229	28,063 562	29,539 004
19	27,279 682	28,778 079	30,371 423	32,065 954
20	29,269 471	30,969 202	32,783 137	34,719 252
21	31.328 902	33,247 698	35,303 378	37,505 214
22	33,460 414	35,617 889	37,937 030	40,430 475
23	35.666 528	38,082 604	40,689 196	43,501 999
24	37,949 857	40,645 908	43,565 210	46,727 099
25	40,313 102	43,311 745	46.570 645	50.113 454
26	42,759 060	46,084 214	49,711 324	53,669 126
27	45,290 627	48,967 583	52,993 333	57,402 583
28	47,910 799	51,966 286	56,423 033	61,322 712
29	50,622 677	55,084 938	60,007 070	65,438 847
30	53,429 471	58,328 335	63,752 358	69,760 790
31	56,334 502	61,701 469	67,666 245	74 298 829
32	59,341 210	65,209 527	71,756 226	79,063 771
33	62,453 152	68,857 909	76,030 256	84,066 959

Proposons-nous maintenant de trouver la *valeur actuelle* de la somme produite par n placements annuels de a au taux r.

La formule précédente,

$$A = a \frac{1+r}{r}\left[(1+r)^n - 1\right],$$

devient en divisant les deux membres de l'égalité par $(1+r)^n$

$$\frac{A}{(1+r)^n} = a\frac{1+r}{r}\left[1 - \frac{1}{(1+r)^n}\right].$$

Or $\dfrac{A}{1+r}$ n'est autre chose que la *valeur actuelle* d'un capital A payable dans n années, le taux étant r; donc

$$V = a\,\frac{1+r}{r}\Big[1 - \frac{1}{(1+r)^n}\Big].$$

Le tableau suivant donne en francs la *valeur actuelle*

$$\frac{1+r}{r}\Big[1 - \frac{1}{(1+r)^n}\Big]\,1$$

de la somme produite au bout de n *années par le placement à intérêts composés de* 1 *fr. au commencement de chaque année.*

ANNÉES	TAUX DE L'INTÉRÊT r.			
n.	3 1/2	4	4 1/2	5
	fr.	fr.	fr.	fr.
1	1,000 000	1,000 000	1,000 000	1,000 000
2	1,966 184	1,961 538	1,956 938	1,952 381
3	2,899 694	2,886 095	2,872 668	2,859 410
4	3,801 637	3,775 091	3,748 964	3,723 248
5	4,673 079	4,629 895	4,587 526	4,546 950
6	5,515 052	5,451 822	5,389 975	5,329 477
7	6,328 553	6,242 137	6,157 872	6,075 692
8	7,114 544	7,002 055	6,892 701	6,786 373
9	7,873 955	7,732 745	7,595 886	7,463 213
10	8,607 686	8,435 332	8,268 792	8,107 822
11	9,316 605	9,110 896	8,912 718	8,721 735
12	10,001 551	9,760 477	9,528 917	9,306 414
13	10,663 334	10,385 074	10,118 581	9,863 252
14	11,302 738	10,985 648	10,682 852	10,393 573
15	11,920 520	11,563 123	11,222 825	10,898 641
16	12,517 411	12,118 387	11,739 546	11,379 658
17	13,094 117	12,652 296	12,234 015	11,837 770
18	13,651 321	13,165 669	12,707 191	12,274 066
19	14,189 682	13,659 297	13,159 992	12,689 587
20	14,709 837	14,133 939	13,593 269	13,085 321
21	15,212 403	14,590 326	14,007 936	13,462 210
22	15,697 974	15,029 160	14,404 724	13,821 153
23	16,167 125	15,451 115	14,784 425	14,163 003
24	16,620 310	15,856 842	15,147 775	14,488 574
25	17,058 368	16,246 963	15,495 478	14,798 642
26	17,481 515	16,622 080	15,828 209	15,093 945
27	17,890 352	16,982 769	16,146 611	15,375 185
28	18,285 354	17,329 586	16,451 303	15,643 034
29	18,667 019	17,662 263	16,742 874	15,898 127
30	19,035 767	17,983 715	17,021 889	16,141 074
31	19,392 045	18,292 033	17,288 889	16,372 451
32	19,736 276	18,588 494	17,544 391	16,592 810
33	20,078 865	18,873 551	17,788 891	16,802 677

ANNUITÉS.

Quel serait le montant A des annuités a payées pendant n années de la fin de la première année à la fin de la $n^{ième}$, le taux de 1 fr. étant r ?

$$A = a\,(1+r)^{n-1} + a\,(1+r)^{-2}\ldots\ldots + a\,(1+r) + a,$$

car la première annuité produit intérêts pendant $n-1$ années, la deuxième pendant $n-2$; et ainsi de suite jusqu'à la dernière, qui ne produit pas d'intérêts.

En mettant a en facteur commun dans l'égalité ci-dessus, on a

$$A = a\,[(1+r)^{n-1} + (1+r)^{n-2}\ldots\ldots + (1+r) + 1];$$

ou, en appliquant la formule $S = \frac{lq-a}{q-1}$ pour obtenir la somme des termes de la progression,

$$A = a\left[\frac{(1+r)^n - 1}{r}\right],$$

ou encore

$$A = \frac{a}{r}\left[(1+r)^n - 1\right].$$

La table suivante donne en francs la valeur de

$$\frac{1}{r}\left[(1+r)^n - 1\right].\ 1\ \text{fr.}$$

C'est la *somme A produite à intérêts composés au bout de* n *années par une annuité de* 1 *fr. payée à la fin de chaque année.*

| ANNÉES | TAUX DE L'INTÉRÊT r. | | | |
n.	3 1/2	4 .	4 1/2	5
	fr.	fr.	fr.	fr.
1	1,000 000	1,000 000	1,000 000	1,000 000
2	2,035 000	2,040 000	2,045 000	2,050 000
3	3,106 225	3,121 600	3,137 025	3,152 500
4	4,214 943	4,246 464	4,278 191	4,310 125
5	5,362 466	5,416 323	5,470 710	5,525 631
6	6,550 152	6,632 975	6,716 892	6,801 913
7	7,779 408	7,898 294	8,019 152	8,142 008
8	9,051 687	9,214 226	9,380 014	9.549 109
9	10,368 496	10,582 795	10,802 114	11,026 564
10	11,731 393	12,006 107	12,288 209	12,577 893
11	13,141 992	13,486 351	13,841 179	14,206 787
12	14,601 962	15,025 805	15,464 032	15,917 127
13	16,113 030	16,626 838	17,159 913	17,712 983
14	17,676 986	18,291 911	18.932 109	19,598 632
15	19,295 681	20,023 588	20,784 054	21,578 564
16	20,971 030	21,824 531	22,719 337	23,657 492
17	22,705 016	23,697 512	24,741 707	25,840 366
18	24,499 691	25,645 413	26,855 084	28,132 385
19	26,357 160	27,671 229	29,063 562	30,539 004
20	28,279 682	29,778 079	31,371 423	33,065 954
21	30,269 471	31,969 202	33,783 137	35,719 252
22	32,328 902	34,247 970	36,303 378	38,505 214
23	34,460 414	36,617 889	38,937 030	41,430 475
24	36,666 528	39,082 604	41,689 196	44,501 999
25	38,949 857	41,645 908	44,565 210	47,727 099
26	41,313 102	44,311 745	47,570 645	51,113 454
27	43,759 060	47,084 214	50,711 324	54,669 126
28	46,290 627	49,967 583	53,993 333	58,402 583
29	48,910 799	52,966 286	57,423 033	62,322 712
30	51,622 677	56,084 938	61,007 070	66,438 848
31	54.429 471	59,328 335	64,752 388	70,760 790
23	57,334 502	62,701 469	68,666 245	75,298 829
33	60,341 210	66,209 527	72,756 226	80,063 771

AMORTISSEMENT.

Par amortissement, nous entendons une opération ayant pour but la liquidation d'un capital remboursable en un certain nombre d'années, par le versement, chaque année, d'une simple *annuité* portant intérêts.

Problème. On veut payer en 20 ans une maison achetée 200000 fr. ; quelle sera l'annuité à verser si le taux de l'intérêt est de 5 %?

En ne payant qu'au bout des vingt années, on devrait verser $200000 \times 1,05^{20}$.

C'est ce capital qui doit être couvert par le montant des annuités augmentées de leurs intérêts composés.

Si nous représentons par a l'annuité à payer, la somme remise à la fin de la première année peut être représentée par $(1,05)^{19}$; celle qu'on remettra à la fin de la deuxième année, par $a(1,05)^{18}$; celle à remettre à la fin de la troisième année, par $a(1,05)^{17}$, etc., jusqu'à la dernière annuité, qui ne sera représentée que par a.

Donc $200000(1,05)^{20} = a + a(1,05) + a(1,05)^2 \ldots + a(1,05)^{19}$; or les termes du second membre de l'égalité forment une progression par quotient dont le premier terme est a, le dernier $a(1,05)^{19}$ et la raison $1,05$.

Appliquant la formule

$$S = \frac{lq - a}{q - 1},$$

on a $\qquad 200000(1,05)^{20} = \frac{a(1,05)^{19}(1,05) - a}{0,05},$

ou $\qquad 200000(1,05)^{20} = \frac{a(1,05)^{20} - a}{0,05},$

ou encore, en multipliant les deux termes de l'égalité par $0,05$ et en mettant a en facteur commun,

$$200000 \times 0,05 \times 1,05^{20} = a(1,05^{20} - 1),$$

d'où $\qquad a = \frac{200000 \times 0,05 \times 1,05^{20}}{1,05^{20} - 1},$

et en généralisant

$$a = \frac{Ar(1+r)^u}{(1+r)^u - 1},$$

A représentant le capital emprunté, r l'intérêt de 1 fr. pour un an et n le nombre d'annuités à payer,

ou $\qquad a = A(1+r)^n \frac{r}{(1+r)^u - 1}.$

La quantité $\frac{r}{(1+r)^u - 1}$ se nomme le *taux de l'amortissement*.

La *table suivante contient le taux d'amortissement nécessaire pour amortir un capital pendant un certain nombre d'années ;* il suffira de multiplier ce taux par la valeur $A(1+r)^n$ pour obtenir l'annuité à payer pour amortir en n années capital A emprunté aujourd'hui.

ANNÉES n	TAUX DE L'INTÉRÊT r							
	3	3 1/2	4	4 1/2	5	5 1/2	6	6 1/2
	fr.	fr.	fr.	fr.	fr.	fr.	fr.	fr.
1	1,000 000	1,000 000	1,000 000	1,000 000	1,000 000	1,000 000	1,000 000	1,000 000
2	0,492 611	0,491 400	0,490 196	0,488 998	0,487 805	0,486 618	0,483 437	0,484 262
3	0,323 530	0,321 934	0,320 349	0,318 774	0,317 209	0,315 655	0,314 110	0,312 575
4	0,239 027	0,237 251	0,235 489	0,233 743	0,232 012	0,230 294	0,228 591	0,226 903
5	0,188 355	0,186 481	0,184 627	0,182 792	0,180 975	0,179 176	0,177 396	0,175 634
6	0,154 598	0,152 668	0,150 762	0,148 878	0,147 017	0,145 179	0,143 363	0,141 568
7	0,130 506	0,128 544	0,126 610	0,124 701	0,122 820	0,120 964	0,119 135	0,117 331
8	0,112 456	0,110 477	0,108 528	0,106 609	0,104 722	0,102 864	0,101 036	0,099 237
9	0,098 434	0,096 446	0,094 493	0,092 575	0,090 690	0,088 840	0,087 022	0,085 239
10	0,087 231	0,085 241	0,083 291	0,081 379	0,079 504	0,077 668	0,075 868	0,074 105
11	0,078 077	0,076 092	0,074 149	0,072 248	0,070 389	0,068 571	0,066 793	0,065 055
12	0,070 462	0,068 484	0,066 552	0,064 666	0,062 825	0,061 029	0,059 277	0,057 567
13	0,064 030	0,062 062	0,060 144	0,058 275	0,056 456	0,054 684	0,052 960	0,051 283
14	0,058 526	0,056 571	0,054 669	0,052 820	0,051 024	0,049 279	0,047 585	0,045 941
15	0,053 767	0,051 825	0,049 942	0,048 114	0,046 342	0,044 626	0,042 963	0,041 353
16	0,049 611	0,047 685	0,045 820	0,044 015	0,042 270	0,040 584	0,038 952	0,037 378
17	0,045 953	0,044 043	0,042 199	0,040 418	0,038 699	0,037 042	0,035 445	0,033 906
18	0,042 709	0,040 817	0,038 993	0,037 237	0,035 546	0,033 920	0,032 357	0,030 855
19	0,039 814	0,037 940	0,036 139	0,034 407	0,032 745	0,031 150	0,029 621	0,028 156
20	0,037 216	0,035 361	0,033 582	0,031 876	0,030 243	0,028 679	0,027 185	0,025 756
21	0,034 872	0,033 037	0,031 280	0,029 601	0,027 996	0,026 465	0,025 005	0,023 613
22	0,032 747	0,030 932	0,029 199	0,027 546	0,025 971	0,024 471	0,023 046	0,021 691
23	0,030 814	0,029 019	0,027 309	0,025 682	0,024 137	0,022 670	0,021 278	0,019 964
24	0,029 047	0,027 273	0,025 587	0,023 987	0,022 471	0,021 036	0,019 679	0,018 398
25	0,027 428	0,025 674	0,024 012	0,022 439	0,020 952	0,019 549	0,018 227	0,016 981
26	0,025 938	0,024 205	0,022 567	0,021 021	0,019 564	0,018 193	0,016 904	0,015 695
27	0,024 564	0,022 852	0,021 239	0,019 719	0,018 292	0,016 952	0,015 697	0,014 523
28	0,023 293	0,021 603	0,020 013	0,018 521	0,017 123	0,015 814	0,014 593	0,013 453
29	0,022 115	0,020 445	0,018 880	0,017 415	0,016 046	0,014 769	0,013 580	0,012 474
30	0,021 019	0,019 371	0,017 830	0,016 392	0,015 051	0,013 803	0,012 649	0,011 577
31	0,019 999	0,018 372	0,016 855	0,015 442	0,014 132	0,012 917	0,011 792	0,010 754
32	0,019 047	0,017 442	0,015 949	0,014 563	0,013 280	0,012 095	0,011 002	0,009 997
33	0,018 156	0,016 572	0,015 103	0,013 745	0,012 490	0,011 335	0,010 273	0,009 299
34	0,017 322	0,015 760	0,014 315	0,012 982	0,011 755	0,010 630	0,009 598	0,008 656

TAUX DE L'INTÉRÊT r.

ANNÉES n	3	3 1/2	4	4 1/2	5	5 1/2	6	6 1/2
	fr.	fr.	fr.	fr.	fr.	fr.	fr.	fr.
34	0,017 322	0,015 760	0,014 315	0,012 982	0,011 755	0,010 630	0,009 598	0,008 656
35	0,016 539	0,014 998	0,013 577	0,012 270	0,011 072	0,009 975	0,008 974	0,008 062
36	0,015 804	0,014 284	0,012 887	0,011 606	0,010 434	0,009 366	0,008 395	0,007 513
37	0,015 112	0,013 613	0,012 240	0,010 984	0,009 840	0,008 800	0,007 857	0,007 005
38	0,014 459	0,012 982	0,011 632	0,010 402	0,009 284	0,008 272	0,007 358	0,006 535
39	0,013 844	0,012 389	0,011 061	0,009 856	0,008 765	0,007 780	0,006 894	0,006 099
40	0,013 262	0,011 827	0,010 523	0,009 343	0,008 278	0,007 320	0,006 462	0,005 694
41	0,012 712	0,011 298	0,010 017	0,008 862	0,007 822	0,006 894	0,006 059	0,005 318
42	0,012 192	0,010 798	0,009 540	0,008 409	0,007 395	0,006 489	0,005 683	0,004 968
43	0,011 698	0,010 325	0,009 090	0,007 982	0,006 993	0,006 113	0,005 333	0,004 644
44	0,011 230	0,009 878	0,008 665	0,007 581	0,006 616	0,005 761	0,005 006	0,004 341
45	0,010 785	0,009 453	0,008 263	0,007 202	0,006 262	0,005 431	0,004 701	0,004 060
46	0,010 363	0,009 051	0,007 882	0,006 845	0,005 928	0,005 122	0,004 415	0,003 797
47	0,009 961	0,008 669	0,007 522	0,006 507	0,005 614	0,004 831	0,004 148	0,003 553
48	0,009 578	0,008 306	0,007 181	0,006 189	0,005 318	0,004 559	0,003 898	0,003 325
49	0,009 213	0,007 962	0,006 858	0,005 887	0,005 040	0,004 302	0,003 664	0,003 112
50	0,008 866	0,007 634	0,006 550	0,005 602	0,004 777	0,004 061	0,003 444	0,002 914
51	0,008 534	0,007 322	0,006 259	0,005 332	0,004 529	0,003 835	0,003 239	0,002 729
52	0,008 217	0,007 024	0,005 982	0,005 077	0,004 295	0,003 622	0,003 046	0,002 556
53	0,007 915	0,006 741	0,005 719	0,004 835	0,004 073	0,003 421	0,002 866	0,002 394
54	0,007 626	0,006 471	0,005 469	0,004 605	0,003 864	0,003 232	0,002 696	0,002 243
55	0,007 349	0,006 213	0,005 231	0,004 388	0,003 667	0,003 055	0,002 537	0,002 101
56	0,007 084	0,005 967	0,005 005	0,004 181	0,003 480	0,002 887	0,002 388	0,001 969
57	0,006 831	0,005 732	0,004 789	0,003 985	0,003 303	0,002 729	0,002 247	0,001 846
58	0,006 588	0,005 508	0,004 584	0,003 799	0,003 136	0,002 580	0,002 116	0,001 730
59	0,006 356	0,005 294	0,004 388	0,003 622	0,002 978	0,002 440	0,001 992	0,001 622
60	0,006 133	0,005 089	0,004 202	0,003 454	0,002 828	0,002 307	0,001 876	0,001 520
61	0,005 919	0,004 892	0,004 024	0,003 295	0,002 686	0,002 182	0,001 766	0,001 426
62	0,005 714	0,004 705	0,003 854	0,003 143	0,002 552	0,002 064	0,001 664	0,001 337
63	0,005 517	0,004 525	0,003 692	0,002 998	0,002 424	0,001 953	0,001 567	0,001 254
64	0,005 328	0,004 353	0,003 538	0,002 861	0,002 304	0,001 847	0,001 476	0,001 176
65	0,005 146	0,004 188	0,003 390	0,002 730	0,002 189	0,001 748	0,001 391	0,001 103
66	0,004 971	0,004 030	0,003 249	0,002 606	0,002 081	0,001 654	0,001 310	0,001 034
67	0,004 803	0,003 879	0,003 115	0,002 488	0,001 978	0,001 565	0,001 235	0,000 970

ANNÉES n	TAUX DE L'INTÉRÊT r.							
	3	3 1/2	4	4 1/2	5	5 1/2	6	6 1/2
67	fr. 0,004 803	fr. 0,003 879	fr. 0,003 114	fr. 0,002 488	fr. 0,001 978	fr. 0,001 565	fr. 0,001 235	fr. 0,000 970
68	0,004 642	0,003 734	0,002 980	0,002 375	0,001 880	0,001 482	0,001 163	0,000 910
69	0,004 486	0,003 595	0,002 863	0,002 267	0,001 787	0,001 402	0,001 096	0,000 854
70	0,004 337	0,003 461	0,002 745	0,002 165	0,001 699	0,001 328	0,001 033	0,000 801
71	0,004 193	0,003 333	0,002 633	0,002 068	0,001 616	0,001 257	0,000 974	0,000 752
72	0,004 054	0,003 210	0,002 525	0,001 975	0,001 536	0,001 190	0,000 918	0,000 705
73	0,003 921	0,003 092	0,002 422	0,001 886	0,001 461	0,001 127	0,000 865	0,000 662
74	0,003 792	0,002 978	0,002 323	0,001 802	0,001 390	0,001 067	0,000 815	0,000 621
75	0,003 668	0,002 869	0,002 229	0,001 721	0,001 322	0,001 010	0,000 769	0,000 583
76	0,003 548	0,002 765	0,002 139	0,001 644	0,001 257	0,000 956	0,000 725	0,000 547
77	0,003 433	0,002 664	0,002 052	0,001 571	0,001 196	0,000 906	0,000 683	0,000 513
78	0,003 322	0,002 567	0,001 969	0,001 501	0,001 138	0,000 858	0,000 644	0,000 482
79	0,003 215	0,002 474	0,001 890	0,001 434	0,001 082	0,000 812	0,000 607	0,000 452
80	0,003 112	0,002 385	0,001 814	0,001 371	0,001 030	0,000 769	0,000 573	0,000 424
81	0,003 012	0,002 299	0,001 741	0,001 310	0,000 980	0,000 729	0,000 540	0,000 398
82	0,002 916	0,002 216	0,001 672	0,001 252	0,000 932	0,000 690	0,000 509	0,000 374
83	0,002 822	0,002 137	0,001 603	0,001 197	0,000 887	0,000 654	0,000 480	0,000 351
84	0,002 733	0,002 060	0,001 541	0,001 144	0,000 844	0,000 619	0,000 453	0,000 329
85	0,002 647	0,001 987	0,001 479	0,001 093	0,000 803	0,000 587	0,000 427	0,000 309
86	0,002 563	0,001 916	0,001 420	0,001 045	0,000 764	0,000 556	0,000 402	0,000 290
87	0,002 482	0,001 848	0,001 364	0,000 999	0,000 727	0,000 527	0,000 380	0,000 272
88	0,002 404	0,001 782	0,001 310	0,000 955	0,000 692	0,000 499	0,000 358	0,000 256
89	0,002 328	0,001 719	0,001 258	0,000 913	0,000 659	0,000 473	0,000 338	0,000 240
90	0,002 256	0,001 658	0,001 208	0,000 873	0,000 627	0,000 448	0,000 318	0,000 225
91	0,002 185	0,001 599	0,001 160	0,000 835	0,000 597	0,000 424	0,000 300	0,000 212
92	0,002 117	0,001 543	0,001 114	0,000 798	0,000 568	0,000 402	0,000 283	0,000 199
93	0,002 051	0,001 488	0,001 070	0,000 763	0,000 541	0,000 381	0,000 267	0,000 186
94	0,001 987	0,001 436	0,001 028	0,000 730	0,000 515	0,000 361	0,000 252	0,000 175
95	0,001 926	0,001 385	0,000 987	0,000 698	0,000 490	0,000 342	0,000 238	0,000 164
96	0,001 866	0,001 337	0,000 949	0,000 667	0,000 466	0,000 324	0,000 224	0,000 154
97	0,001 809	0,001 290	0,000 911	0,000 638	0,000 444	0,000 307	0,000 211	0,000 145
98	0,001 753	0,001 245	0,000 875	0,000 610	0,000 423	0,000 291	0,000 199	0,000 136
99	0,001 699	0,001 201	0,000 841	0,000 584	0,000 402	0,000 276	0,000 188	0,000 128
100	0,001 647	0,001 159	0,000 808	0,000 558	0,000 383	0,000 261	0,000 177	0,000 120

Avant d'aller plus loin, il ne sera pas inutile de dire quelques mots sur les logarithmes.

Nous allons donc exposer aussi brièvement, aussi clairement que possible, les principes sur lesquels reposent la théorie et la pratique des logarithmes.

LOGARITHMES

Lorsqu'on considère deux progressions, l'une par quotient, commençant par l'unité, l'autre par différence (¹), commençant par zéro, les termes de la seconde sont appelés les *logarithmes* des termes qui occupent le même rang dans la première.

Dans les calculs numériques on emploie exclusivement le système des logarithmes définis par les deux progressions :

$$\div 1 : 10 : 100 : 1000 : 10000 : 100000 : 1000000$$
$$\div 0 . 1 . 2 . 3 . 4 . 5 . 5$$

entre les termes desquelles on insère un nombre de moyens assez grand pour que la série des termes de la première progression contienne les nombres 1, 2, 3, 4, etc., ou des nombres qui en approchent assez pour qu'on puisse, sans inconvénient, négliger la différence.

Dans ce système, le logarithme de 1 est 0 ; celui de 10 est 1 ; celui de 100, 2, etc.

Le logarithme des nombres compris entre 1 et 10 est 0, plus une fraction ; celui des nombres compris entre 10 et 100, 1 plus une fraction, et ainsi de suite.

Les nombres 1, 2, 3.... qui forment la partie entière des logarithmes sont appelés les *caractéristiques* de ces logarithmes.

Les nombres compris entre 100 et 1000 ont donc pour caractéristique 2 ; ceux compris entre 1000 et 10000, 3, etc. La carac-

---

(¹) On entend par progression, par différence, une suite de termes tels que l'un quelconque de ces termes est égal à celui qui le précède immédiatement, *augmenté* d'une quantité constante qu'on appelle la raison.

téristique d'un nombre contient autant d'unités qu'il y a de chiffres moins un dans la partie entière du nombre.

La caractéristique devient négative lorsque le nombre ne contient pas d'entier ; elle est exprimée par $\bar{1}$ si les plus hautes unités sont des dixièmes, par $\bar{2}$ si ces unités sont des centièmes, etc.

PROPRIÉTÉS DES LOGARITHMES.

I. *Le logarithme d'un produit de deux facteurs est égal à la somme des logarithmes de chacun de ces deux facteurs.*

Soit, par exemple, à multiplier 10 par 1000, le produit est 10000.

Or le logarithme de 10 est 1, celui de 1000 est 3 et celui du produit 4, c'est-à-dire $3+1$. Ce qui montre que pour multiplier deux nombres l'un par l'autre au moyen de la table des logarithmes, il faut faire la somme du logarithme du multiplicande et de celui du multiplicateur pour obtenir le logarithme du produit ; puis chercher dans la table le nombre qui correspond à ce logarithme, c'est le produit demandé : la multiplication est ainsi remplacée par une addition.

II. *Le logarithme d'une puissance entière et positive d'un nombre est le produit du logarithme du nombre par l'exposant de la puissance.*

Cela résulte évidemment du théorème précédent. En effet 10^3 par exemple $=10 \times 10 \times 10$. Or le logarithme de $10 \times 10 \times 10$ $=$ log. 10 $+$ log. 10 $+$ log. 10 ou 3 fois log. 10. Donc pour trouver une puissance quelconque d'un nombre au moyen d'une table de logarithmes, il faut chercher le logarithme de ce nombre, multiplier ce logarithme par l'exposant de la puissance et remonter du logarithme trouvé au nombre cherché. L'élévation d'un nombre à une puissance quelconque est ainsi ramenée à une seule multiplication.

III. *Le logarithme d'un quotient est égal au logarithme du dividende diminué du logarithme du diviseur.*

De $\frac{1000}{10} = 100$ on tire $1000 = 100 \times 10$. Or le log. $1000 =$ log. $100 \times$ log. 10.

D'où log. 1000 $-$ log. 10 $=$ log. 100.

On voit, par cet exemple, que la division est ramenée à une soustraction.

ARITH. COMM.   12

IV. *Le logarithme d'une racine d'un nombre est égal au logarithme du nombre divisé par l'indice de la racine.*

De $\sqrt[3]{1000} = 10$, on tire

$$1000 = 10^3, \text{ et log. } 1000 = 3 \text{ log. } 10 ;$$

ou encore log. $10 = \dfrac{\text{log. } 1000}{3}$.

L'extraction d'une racine quelconque est ainsi ramenée à une division.

APPLICATION DES LOGARITHMES AUX INTÉRÊTS COMPOSÉS

La formule trouvée plus haut $A = a \, (1 \times r)^n$ peut se traduire :

$$\text{log. } A = \text{log. } a + n \text{ log. } (1 + r) ; \qquad (1)$$

d'où
$$\text{log. } a = \text{log. } A - n \text{ log. } (1 + r), \qquad (2)$$

et
$$\text{log. } (1 + r) = \frac{\text{log. } A - \text{log. } a}{n}, \qquad (3)$$

et encore
$$n = \frac{\text{log. } A - \text{log. } a}{\text{log. } (1 + r)}. \qquad (4)$$

Les formules 1, 2, 3, et 4 permettent de calculer A, a, r et n.

Lorsque l'intérêt se capitalise tous les trimestres ou tous les semestres, r représente l'intérêt de 1 fr. pendant 3 mois ou pendant 6 mois.

Pour établir ces formules, n a été supposé *entier*. Nous démontrerons plus loin qu'elles sont applicables au cas où n est fractionnaire.

Problème I. Quelle somme produiront au bout de 2 ans 3 mois 2000 fr. placés à intérêts composés à 1 fr. $\%$ par trimestre?
Puisqu'il y a 9 trimestres dans 27 mois,

$$A = 2000 \, (1,01)^9,$$

d'où
$$\text{log. } A = \text{log. } 2000 + 9 \text{ log. } 1,01,$$

Problème II. On a placé à intérêts composés 2000 fr. pendant 2 ans 4 mois, à 1 $\%$ par trimestre. Quelle somme retirera-t-on?

Puisqu'il y a $\frac{28}{3}$ de trimestre dans 2 ans 4 mois,

$$A = 2000 \, (1,01)^{\frac{28}{3}}$$

d'où $\qquad$ log. $A =$ log. $2000 + \frac{28}{3}$ log. $1,01$

Problème III. Quel capital faut-il placer au taux de 2 1/2 °/₀ par par semestre, pour obtenir 3640 fr. après 2 ans 3 mois?

De la formule $A = a \, (1+r)^n$, on tire $a = \dfrac{A}{(1+r)^n}$ ou $a = \dfrac{3640}{1,032^{\frac{27}{6}}}$

ou $\qquad$ log. $a =$ log. $3640 - \frac{27}{6}$ log. $1,025$.

Problème IV. A quel taux ont été placés 4000 fr. qui, au bout de 4 ans ont rapporté, capital et intérêts compris, 5600 fr., l'intérêt se capitalisant tous les semestres?

$$5600 = 4000 \, (1+r)^8,$$

r représentant l'intérêt d'un semestre.

d'où $\qquad$ log. $5600 =$ log. $4000 + 8$ log. $(1+r)$,

et $\qquad \dfrac{\text{log. } 5600 - \text{log. } 4000}{8} = 1 + r$.

En retranchant 1 du nombre obtenu on aura l'intérêt de 100 fr. pour 6 mois.

Problème V. 4500 fr. placés à intérêts composés, à 1 1/2 °/₀ par trimestre ont donné 5800 fr., capital et intérêts compris; quelle a été la durée du placement?

De la formule donnée plus haut on tire $5800 = 4500 \, (1,015)^n$

ou $\qquad$ log. $5800 =$ log. $4500 + n$ log. $1,015$

et $\qquad \dfrac{\text{Log. } 5800 - \text{log. } 4500}{\text{log. } 1,015} = n$,

n représentant le nombre de trimestres.

Dans toutes les questions d'intérêt il est nécessaire de préciser toujours la période de temps après laquelle l'intérêt se capitalise, car cet intérêt donnera des résultats plus ou moins élevés, selon que l'intérêt se capitalisera tous les mois, tous les trois mois, tous les six mois, ou tous les ans. Ainsi, pour ne citer qu'un exemple, 100 fr. placés à 4 %, pendant un an deviendront 104 fr., tandis que, placés pendant le même temps à 2 %, par semestre, ils deviendront 104,04. La différence provient de ce que, dans le second cas, les 2 fr. d'intérêts donnés par le premier semestre produisent intérêt pendant les derniers six mois.

Problème VI. A quel taux faudrait-il placer une somme quelconque pour obtenir, en capitalisant tous les ans, le même résultat qu'en plaçant cette somme à 1 1/4 %, par trimestre ?

Au bout d'un an, la valeur de 1 fr. placé à 1 1/4 fr. %, par trimestre sera $1,0125^4$;

donc $1,0125^4$ doit égaler $1+r$,

d'où $r = 1,0125^4 - 1$ (¹).

D'une manière plus générale, en représentant par r' le taux d'après lequel l'intérêt se capitalise après une fraction $1/q$ de l'unité de temps et par r le taux d'après lequel l'intérêt doit se capitaliser après chaque unité de temps pour produire le même intérêt,

$$r = (1+r')^q - 1, \qquad (1)$$

d'où $(1+r')^q = 1+r$

et $1+r' = \sqrt[q]{1+r}$

et encore $r' = \sqrt[q]{1+r} - 1.$ (2)

formule qui permet de calculer le taux r' d'après lequel l'intérêt devrait se capitaliser après chaque fraction $1/q$ de l'unité de temps pour produire le même résultat qu'au taux r, l'intérêt se capitalisant après chaque unité de temps.

Ce qui précède va nous permettre de démontrer que la formule

$$A = (1+r)^n$$

est encore applicable lorsque n devient fractionnaire.

(¹) Comme dans les problèmes précédents, nous laissons aux élèves le soin d'effectuer les calculs, dont il leur sera toujours facile de constater la justesse.

Soit à chercher la valeur d'un capital placé à intérêts composés pendant $n + 1/q$ de l'unité de temps.

Au bout de n unités de temps, ce capital devient $a (1+r)^n$, il suffit donc de déterminer la valeur acquise par $a (1+r)^n$ pendant la fraction $1/q$ de l'unité de temps.

On se borne quelquefois à ajouter à $a (1+r)^n$ l'*intérêt simple* de cette somme pendant le temps $1/q$; c'est là un procédé qui donne un résultat absolument faux, car il suppose exigible après la fraction $1/q$ de l'unité de temps un intérêt qui n'est payable qu'à l'expiration de l'unité de temps.

Nous avons vu plus haut qu'il revient au même de capitaliser l'intérêt au taux r après l'unité de temps au taux r' après la fraction $1/q$ de l'unité de temps;

or $$1 + r' = (1 + r)^{\frac{1}{q}};$$

donc $$a (1+r)^n (1+r') = a (1+r) (1+r)^{n\,1/q},$$

d'où $$A = a (1+r)^{n+\frac{1}{q}}.$$

c. q. f. d.

Problème VII. Déterminer le temps après lequel un capital est doublé, triplé, etc.

De la relation

$$(1+r)^n = 2$$

on tire $$n \log. (1+r) = \log. 2,$$

et $$n = \frac{\log. 2}{1+r}.$$

De la relation

$$(1+r)^n = 3$$

on tire $$n \log. (1+r) = \log. 3;$$

d'où $$n = \frac{\log. 3}{\log. (1+r)}.$$

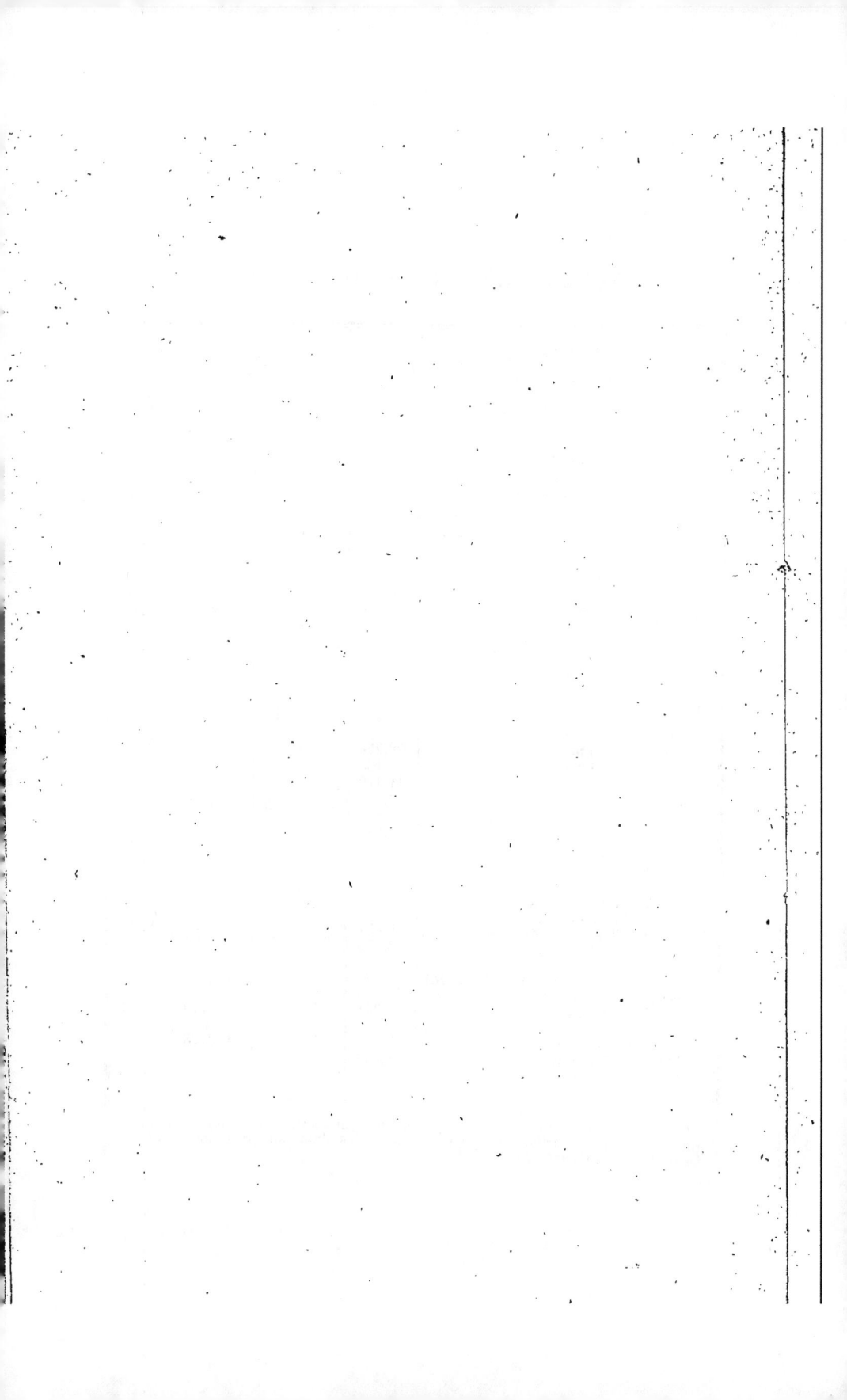

TABLEAU DES MONNAIES RÉELLES

MÉTAL.	PROVENANCE ET DÉNOMINATION DES MONNAIES.	POIDS légal.	TITRE légal.	TITRE au tarif.	VALEUR du kilogramme.	VALEUR des pièces.
		gr.				fr. c.
	EMPIRE D'ALLEMAGNE Lois monétaires des 4 décembre 1871 et 9 juillet 1873.					
OR...	20 marks	7,965	m.	m.	fr. c.	24.64
	10 marks	3,982	900	900	3093.30	12.32
	5 marks	1,991				6.16
ARGENT.	5 marks	27,777				5.51
	2 marks	11,111				2.20
	1 mark	5,555	900	»	198.50	1.10
	1/2 mark, 50 pfennigs . . .	2,777				0.55
	1/5 mark, 20 pfennigs . . .	1,111				0.22
	ANGLETERRE					
OR...	Souverain	7,988	916	916	3148.29	25.15
	1/2 souverain	3,994				12.57
ARGENT.	Couronne	28,276				5.75
	1/2 couronne	14,138				2.87
	Florin	11,310				2.30
	Shilling	5,655	925	923	203.57	1.15
	6 pence	2,828				0.57
	4 pence	1,885				0.38
	3 pence	1,414				0.28
	AUTRICHE					
OR...	Quadruple ducat	13,960	986	984	3382. »	47.21
	Ducat	3,480				11.80
	8 florins, loi du 9 mars 1870.	6,451	900	»	3093.30	19.84
	4 florins	3,225				9.93
ARGENT.	2 florins (90 flor. = 1 kil. fin).	24,691	900	»	198.50	4.90
	1 florin de 100 neukreuzers .	12,345				2.45
	1/4 florin	5,341	520	»	114.69	0.61
ARGENT.	10 kreuzers	2,000	500	»	110.28	0.22
	5 kreuzers	1,330	375	»	82.71	0.11

(1) Nous avons maintenu l'orthographe donnée par l'*Annuaire* du Bureau des longitudes. Voir pour l'orthographe des monnaies des différents pays notre *Tableau des monnaies de Compte*, page 30.

MÉTAL.	PROVENANCE ET DÉNOMINATION DES MONNAIES.	POIDS légal.	T.TRE légal.	TITRE du tarif.	VALEUR du kilogramme.	VALEUR des pièces.
	BELGIQUE (¹)	gr.	m.	m.	fr. c.	Val. nom. fr. c.
	100 francs	32,258				100 »
	50 francs.	16,129				50 »
OR. . .	20 francs.	6,451	900	»	3093.30	20 »
	10 francs.	3,225				10 »
	5 francs.	1,612				5 »
	5 francs	25,000	900	»	198.50	5 »
	2 francs	10,000				2 »
ARGENT.	1 franc	5,000				1 »
	50 centimes	2,500	835	»	184.16	0.50
	20 centimes	1,000				0.20
	DANEMARCK					
	Convent⁰ monétaire du 18 décembre 1872					
OR. . . .	20 krones	8,960	900	»	3093.30	27.71
	10 krones	4,480				13.85
	2 krones	15,000	800	»	176.44	2.64
	1 krone.	7,500				1.32
	50 ore.	5,000				0.66
ARGENT.	40 ore.	4,000	600	»	132.33	0.53
	25 ore.	2,420				0.32
	10 ore.	1,450	400	»	88.22	0.13
	ESPAGNE (²)					
	Loi du 26 juin 1864.					
OR. . .	Doublon, 10 escudos	8,387				25.95
	— 4 escudos.	3,3548	900	895	3077.83	10.30
	— 2 escudos	1,6774				5.19
ARGENT.	Duro, 2 escudos.	25,960	900	»	198.50	5.15
	Escudo	12,980				2.57
	Peseta, 4 réaux de vellon . .	5,192				0.92
ARGENT.	Media peseta.	2,596	810	»	178.64	0.46
	Real de vellon	1,298				0.23

(¹) La législation belge n'a autorisé jusqu'à présent que la fabrication des pièces d'or de 20 et 10 francs, et des pièces d'argent de 5 fr., 2 fr., 1 fr. et 50 c.

(²) La convention monétaire a été adoptée en Espagne par décret d'octobre 1865 ; mais on n'a encore frappé que la pièce de 5 pesetas (5 francs).

MÉTAL.	PROVENANCE ET DÉNOMINATION DES MONNAIES.	POIDS légal.	TITRE légal.	TITRE du tarif.	VALEUR du kilogramme.	VALEUR des pièces.
	ESPAGNE (Iles Philippines)	gr.	m.	m.	fr. c.	fr. c.
	Doblon de oro, 4 pesos . . .	6,766				20.34
OR. . .	Escudo de oro, 2 pesos . . .	3,383	875	»	3007.37	10.17
	Escudillo de oro, 1 peso. . .	1,691				5.08
	Pièces de 50 centavos. . . .	12,980				2.57
ARGENT.	— 20 —	5,192	900	»	198.50	1.03
	— 10 —	2,596				0.515
	FRANCE					Val. nom.
	100 francs	32,258				100 »
	50 francs	16,129				50 »
OR. . .	20 francs	6,451	900	»	3093.30	20 »
	10 francs	3,225				10 »
	5 francs	1,612				5 »
	5 francs	25,000	900	»	198.50	5 »
	2 francs	10,000				2 »
ARGENT.	1 franc	5,000	835	»	184.16	1 »
	50 centimes	2,500				0.50
	20 centimes	1,000				0.20
	GRÈCE (1)					
	20 drachmes.	6,451				20 »
OR. . .	10 drachmes.	3,225	900	»	3093.30	10 »
	5 drachmes	1,612				5 »
	5 drachmes.	25,000	900	»	198.50	5 »
	2 drachmes.	10,000				2 »
ARGENT.	1 drachme, 100 lepta . . .	5,000	835	»	184.16	1 »
	50 lepta.	2,500				0.50
	20 lepta.	1,000				0.20
	ROYAUME D'ITALIE					
	100 francs	32,258				100 »
	50 francs	16,129				50 »
OR. . .	20 francs	6,451	900	»	3093.30	20 »
	10 francs	3,225				10 »
	5 francs	1,612				5 »
	5 francs	25,000	900	»	198.50	5 »
	2 francs	10,000				2 »
ARGENT.	1 franc	5,000	835	»	184.16	1 »
	50 centimes	2,500				0.50
	20 centimes	1,000				0.20

(1) La Grèce a adhéré à la convention internationale monétaire du 23 décembre 1865.

MÉTAL.	PROVENANCE ET DÉNOMINATION DES MONNAIES.	POIDS légal.	TITRE légal.	TITRE du tarif.	VALEUR du kilogramme.	VALEUR des pièces.
	EMPIRE OTTOMAN	gr.	m.	m.	fr. c.	fr. c.
OR. . .	500 piastres	36,082				113.47
	250 piastres	18,041				56.73
	100 piastres	7,216	916,6	915	3144.85	22.09
	50 piastres	3,608				11.35
	25 piastres	1,804				5.67
ARGENT.	20 piastres	24,055				4.38
	10 piastres	12,027				2.19
	5 piastres	6,013	830	»	183.06	1.10
	2 piastres	2,405				0.43
	1 piastre.	1,202				0.21
	1/2 piastre	0,601				0.105
	PAYS-BAS Lois des 26 novembre 1847 et 14 septembre 1849.					
OR. . .	Double ducat.	6,988	983	978	3361.38	23.48
	Ducat.	3,494				11.74
	Double guillaume d'or . . .	13,458				41.58
	Guillaume.	6,729	900	899	3089.86	20.79
	1/2 guillaume	3,364				10.39
ARGENT.	Rixdaler, 2 1/2 florins. . . .	25,000				5.21
	1 florin	10,000	945	»	208.42	2.08
	1/2 florin	5,000				1.04
	25 cents	3,575				0.50
	10 cents.	1,430	640	»	141.15	0.20
	5 cents.	0,715				0.10
ARGENT.	1/4 florin	3,180				0.50
	1/10 florin	1,250	720	»	158.80	0.20
	1/20 florin	0,610				0.10
	TUNIS					
OR. . .	100 piastres	19,492				60.29
	50 piastres	9,760				30.19
	25 piastres	4,855	900	»	3093.30	15.01
	10 piastres	1,916				5.93
	5 piastres	0,940				2.92
ARGENT.	2 piastres	6,194	900	»	198.50	1.23

MÉTAL.	PROVENANCE ET DÉNOMINATION DES MONNAIES.	POIDS légal.	TITRE légal.	TITRE du tarif.	VALEUR du kilogramme.	VALEUR des pièces.
		gr.	m.	m.	fr. c.	fr. c.
	PORTUGAL					
	Loi du 29 juillet 1854.					
OR.	Couronne de 10 milreis...	17,735				55.88
	1/2 couronne 5 milreis...	8,868	917	»	3151.72	27.94
	1/5 couronne 2 milreis...	3,547				11.17
	1/10 couronne milreis...	1,774				5.59
ARGENT.	5 testons, 500 reis.....	12,500				2.52
	2 testons, 200 reis.....	5,000	917	»	202.25	1.01
	Teston, 100 reis.....	2,500				0.50
	1/2 teston, 50 reis.....	1,250				0.25
	RUSSIE					
OR.	1/2 impériale (5 roubles)...	6,545	916,6	»	3148.29	20.60
	3 roubles.........	3,927				12.36
ARGENT.	Rouble 100 kopecks.	20,511				3.92
	Poltinnik, 50 kopecks.	10,255	865	»	191.55	1.96
	Tchetvertak, 25 kopecks.	5,127				0.98
ARGENT.	Abassis, 20 kopecks.	4,079				0.44
	Florin polonais, 15 kopecks.	3,059	500	»	110.28	9.33
	Grivenik, 10 kopecks.	2,039				0.22
	Piètak, 5 kopecks.	1,019				0.11
	ROUMANIE					
OR.	20 leys.........	6,451				19.95
	10 leys.........	3,225	900	»	3093.30	9.97
	5 leys.........	1,613				4.98
ARGENT.	2 leys.........	10 »				1.84
	1 ley.........	5 »	835	»	184.16	0.92
	1/2 ley (50 banis)...	2,500				0.46
	SUÈDE					
	Conventⁿ monétaire du 18 décembre 1872					
OR.	20 krones.........	8,960	900	975	3093.30	27.71
	10 krones.........	4,480				13.85
ARGENT.	2 krones.........	15,000	800	»	176.40	2.64
	1 krone.........	7,520				1.32
	50 ore.........	5,000				0.66
	40 ore.........	4,000	600	»	132.33	0.53
	25 ore.........	2,420				0.32
	10 ore.........	1,450	400	»'	88.22	0.13

MÉTAL.	PROVENANCE ET DÉNOMINATION DES MONNAIES.	POIDS légal.	TITRE légal.	TITRE du tarif.	VALEUR du kilogramme.	VALEUR des pièces.
	NORVÉGE Loi monétaire du 4 juin 1873	gr.	m.	m.	fr. c.	fr. c.
OR. . .	5 specie daler ou 20 krones..	8,960	900	»	3092.30	27.71
	2 1/2 specie daler ou 10 krones	4,480				13.85
ARGENT.	2 krones	15,000	800	»	176.44	2.64
	1 krone.	7,500				1.32
	24 skillings	6,000				1 05
	15 skillings (50 ore). . . .	5,000	600	»	132.33	0.66
	12 skillings (40 ore). . . .	4,000				0.53
	3 skillings (10 ore). . . .	1,450	400	»	88.22	0 13
	SUISSE (Confédération)					Val. nom.
ARGENT.	5 francs.	25,000	900	»	198.50	5 00
	2 francs.	10,000				2 00
	1 franc	5,000				1.00
	50 centimes	2,500	830	»	184.16	0.50
	ÉGYPTE					
OR. . .	100 piastres	8,500	875	»	3007.37	25.56
	50 piastres	4,250				12.78
	25 piastres	2,130				6.39
ARGENT.	10 piastres	12,500	900	»	198.50	2.48
	5 piastres	6,250				1.24
	2 1/2 piastres.	3,120				0.62
	1 piastre, 40 paras	1,250				0.25
	EMPIRE DE PERSE					
OR. . .	Thoman de 200 schahis. . .	3,76	916	»	3093.50	11.14
	1/2 thoman, 100 schahis. . .	1,88				5.57
ARGENT.	Sachib-kéran, 20 schahis. . .	10,40	900	»	198.50	2.22
	Banabat, 10 schahis.	5,20				1.11
	Abassis, 4 schahis.	2,08				0.44
	JAPON					
OR. . .	20 yen.	33,333	900	»	3093.30	103.33
	10 yen.	16,666				51.66
	5 yen.	8,333				25.83
	2 yen.	3,333				10.33
	1 yen	1,666				5.16
ARGENT.	1 yen	26,956	900	»	198.50	5.39
	50 sen.	12,500				2.22
	20 sen.	5,000	810	»	178.64	0.88
	10 sen.	2,500				0.44
	5 sen.	1,250				0.22

MÉTAL.	PROVENANCE ET DÉNOMINATION DES MONNAIES.	POIDS légal.	TITRE légal.	TITRE au tarif.	VALEUR du kilogramme.	d s p ères.
	INDES ANGLAISES	gr.	m.	m.	fr. c.	fr. c.
OR. . .	Mohur.	11,664				36.72
	2/3 mohur.	7,776	916	»	3148.29	24.48
	Pagode (1/3 mohur). . . .	3,888				12.24
ARGENT.	Roupie	11,664				2.36
	1/2 roupie.	5,832	916	»	202.83	1.18
	1/4 roupie.	2,916				0.59
	2 annas	1,458				0.29
	ÉTATS-UNIS (Comago act 1873).					
OR. . .	Double aigle, 20 dollars. . .	33,437				103.44
	Aigle, 10 dollars	16,718				51.72
	5 dollars.	8,359	900	900	3093.30	25.86
	3 dollars.	5,015				15.52
	2 1/2 dollars.	4,180				12.93
	1 dollar.	1,672				5.17
ARGENT.	Trade dollar	27,211				5.39
	1/2 dollar, 50 cents	12,500	900	900	198 50	2.48
	1/4 dollar, 25 cents	6,250				1.24
	Dime, 10 cents.	2,500				0.62
	MEXIQUE					
OR. . .	Onza de ora, quadruple pistole	27,000				81.19
	Double pistole	13,500				40.59
	Pistole, 4 piastres.	6,750	875	»	3007.37	20.29
	Escudo de oro, 1/2 pistole. .	3,375				10.14
	Escudillo, 1/4 pistole	1,687				5.07
ARGENT.	Piastre, 8 réaux de plata . .	27,000				5 35
	1/2 piastre, 4 réaux. . . .	13,500				2.67
	1/4 de piastre, 2 réaux . . .	6,750	903	900	198.50	1.33
	Real de plata.	3,375				0.66
	Medio real	1,687				0 33
	ÉTATS-UNIS DE COLOMBIE Loi du 19 juin 1871					
OR. . .	20 pesos.	32,258	900	»	3093.30	99.79
	10 pesos.	16,129				49.89
ARGENT.	1 peso	25,000	900	»	198.50	4.96
	2 decimos	5,000				0.92
	1 decimo.	2,500	835	•	184.16	0.46
	1/2 decimo	1,250				0.23

MÉTAL.	PROVENANCE ET DÉNOMINATION DES MONNAIES.	POIDS légal.	TITRE légal.	TITRE du tarif.	VALEUR du kilogramme.	VALEUR des pièces.
		gr.	m.	m.	fr. c.	fr. c.
	BRÉSIL					
OR. . .	20,000 reis.	17,926				56.31
	10,000 reis.	8,963	916	914	3141.41	28.15
	5,000 reis.	4,486				14.07
	Loi du 16 septembre 1867.					
ARGENT.	2,000 reis.	25,000	900	»	198.50	4.96
	1,000 reis.	12,500				2.48
	500 reis.	6,250	835	»	184.16	1.14
	CHILI					
OR. . .	Condor, 10 pesos.	15,253				47.18
	Doblon, 5 pesos	7,626	900	899	3089.86	23.59
	Escudo, 2 pesos	3,058				9.43
	Peso	1,525				4.72
ARGENT.	Peso	25,000				4.96
	50 centaoos	12,500				2.48
	20 centaoos	5,000	900	»	198.50	0.98
	1 decimo.	2,500				0.49
	1/2 decimo.	1,250				0.24
	PÉROU					
OR. . .	20 sols.	32,258				99.79
	10 sols.	16,129				49.89
	5 sols.	8,064	900	»	3093.30	24.94
	2 sols.	3,226				9.97
	1 sol.	1,613				4.99
ARGENT.	1 sol.	25,000				4.96
	1/2 sol	12,500				2.48
	1/5 sol	5,000	900	»	198.50	0.98
	1 dinero	2,500				0.49
	ÉTATS-UNIS de VENEZUELA					
ARGENT.	1 venezolano.	25,000	900	»	198.50	4.90
	1/2 venezolano ou 5 décimos	12,500				1.84
	2 decimos	5,000				0.92
	1 decimo.	2,500	835	»	184.16	0.46
	5 centavos	1,250				0.23

FIN.

TABLE DES MATIÈRES

LIVRE Iᵉʳ

CALCULS PRÉPARATOIRES.

LIVRE II.

ARITHMÉTIQUE COMMERCIALE.

LIVRE III.

OPÉRATIONS DE BOURSE ET DE BANQUE.

FIN DE LA TABLE.

CHATILLON-SUR-SEINE. — IMPRIMERIE E. CORNILLAC

Cortambert : *Géographie agricole, industrielle, commerciale et administrative de
la France et de ses colonies*; 3ᵉ édition.
1 vol. in-12, cartonné, ... 2 fr.

— *Atlas* correspondant, 22 cartes grand
in-8, ... 4 fr.

— *Géographie commerciale des cinq parties du monde.* 1 vol. in-12, cartonné, 3 fr.

Degranges : *La tenue des livres*, ou nouveau
traité de comptabilité générale, en partie
simple et en partie double ; 29ᵉ édit. 1 vol.
in-8 br., ... 5 fr.

— *Traité de correspondance commerciale*,
comprenant sur chacun des sujets généraux de correspondance : 1º des conseils
sur la manière de traiter chaque matière ;
2º des modèles de lettres extraites de la
correspondance réelle des premières mai-
sons de commerce de l'Europe; 2ᵉ édition.
1 vol. in-8, broché; . . . . . 5 fr.

Delacourtie : *Éléments de législation commerciale et industrielle*; 2ᵉ édition. 1 fort
vol. in-12, cartonné, ... 3 fr.

Figuier : *Les grandes inventions modernes
dans les sciences, l'industrie et les arts.*
1 vol. in-12, avec 126 figures dans le
texte, cartonné . . . . . . 1 fr. 30

Goujon et Sardou : *Cours complet de tenue
des livres et d'opérations commerciales*,
comprenant : l'analyse raisonnée des opérations du commerçant et les premières
écritures qui servent à les constater ; —
la théorie des comptes courants ; — les
comptes d'intérêts par toutes les méthodes ; — la tenue des livres en partie simple
et en partie double ; — la correspondance ;
— les effets publics ou rentes sur l'État ;
— les matières d'or et d'argent ; — les
changes et les arbitrages ; — les comptes
en participation ; — les actes de société ;
les écritures des sociétés par actions, etc.;
— terminé par l'application du calcul et
des principes de la tenue des livres à plus
de 400 opérations commerciales; 3ᵉ édition.
1 vol. in-8, broché, ... 5 fr.

— *Solutions des exercices* contenus dans
le cours complet de tenue des livres et
d'opérations commerciales, 1 vol. in-8,
broché, ... 2 fr. 50

Levasseur, membre de l'Institut : *Cours
d'économie rurale, industrielle et commerciale, précédé de notions fondamentales
d'économie politique.* 1 volume in-12,
cartonné, ... 3 fr.

Manuel d'examen pour le volontariat
d'un an, contenant les matières de l'en-
seignement primaire, par MM. Berger,
Brouard, Defodon et Demkès. 1 volume
petit in-16, cartonné en percaline, . fr.

Monnaies, poids et mesures, et usages
commerciaux de tous les États du monde.
1 vol. in-8, broché, ... 6 fr.

Poiré : *Simples lectures sur les principales
industries.* 1 vol. in-12, avec 183 vignettes
dans le texte, cartonné, . . . 1 fr. 50

Sardou, ancien professeur à l'École de
commerce et des arts industriels : *Abrégé
de géographie commerciale et industrielle*,
indiquant pour chaque État : sa situation
maritime ; — les principaux ports de mer;
les places de commerce et centres de
grande fabrication ; — le climat ; — les
productions naturelles ; — les canaux et
chemins de fer ; — les revenus, la dette
publique, etc. ; — et pour la France en
particulier : ses richesses agricoles, mi-
nérales et industrielles ; — le mouvement
général de son commerce avec l'étranger,
la nature et la valeur des importations
et exportations ; — la navigation, la grande
pêche, etc. ; — avec un tableau des monnaies, poids et mesures de tous les pays ;
6ᵉ édition. 1 vol. in-12, broché. . 4 fr.

Bonnet : *Problèmes et exercices d'arithmétique et d'algèbre sur les principales questions usuelles relatives au commerce, à
la banque, aux fonds publics, aux établis-
sements de prévoyance, à l'industrie, aux
sciences appliquées, etc. — Énoncés.
Solutions raisonnées.* 2 vol. in-8, bro-
chés, ... 5 fr.